新型城镇化与可持续发展

农业转移人口生计现状与可持续发展研究

STUDY ON THE LIVELIHOOD CAPITAL AND SUSTAINABILITY DEVELOPMENT OF AGRICULTURAL TRANSFER POPULATION

杜巍 车蕾 吕锋◎著

社会科学文献出版社
SOCIAL SCIENCES ACADEMIC PRESS (CHINA)

序

中国的现代化进程令人惊叹。几十年来，我们目睹了中国城乡的发展变化，尤其是许多中小城市翻天覆地的巨变，也见证了农民兄弟为这些发展做出的巨大贡献。然而，时至今日，“农民工”这个有些自相矛盾且沉重的称谓在我们的集体记忆中依然挥之不去。十八大报告用“农业转移人口”这一更为科学和贴切的概念替代了“农民工”，并将农业转移人口作为未来市民化的主要群体。这是城镇化发展理念的重大进步，也是政策层次上对多年来关于农业转移人口生活、工作状况的学术观察做出的积极回应。

以农业转移人口为代表的流动人口已成为城市人口的重要组成部分，是中国城市发展进程中最重要、最直接的利益相关者，也是提高城镇化率最重要的贡献者。在中国经济社会转型（特别是城镇化加速）过程中，与城市户籍人口相比，农业转移人口在子女上学、自身就业、家庭养老、社会融合、权利享有等诸多方面还存在差距和问题。如果不能解决农业转移人口的生存和发展问题，不仅会直接影响农业转移人口及其家庭的基本生活需求，也会对城市与社会整体的可持续发展带来冲击，阻碍中国的城镇化和现代化进程。诚然，中国的城镇化在探索和发展过程中已经获得了诸多有益的经验，但也出现了不少棘手的问题，如何总结经验，发挥优势，使城镇化进程少走弯路、少交“学费”，探索有中国特色的“新型城镇化”道路、实现农业转移人口市民化，是值得学术界长期关注和深入研究的理论问题，同时也是国家实现人口、经济和社会可持续发展的重大战略问题，还是社会政策与国家体制层面的创新问题。作为公民和社会科学工作者，我们有责任去思考并攻克城镇化进程中出现的各种难题。

西安交通大学公共政策与管理学院的新型城镇化与可持续发展课题组以农业转移人口之个体及家庭的生存与发展这一重要议题为切入点，就中国社会发展的重大问题进行了全面、深入的研究。十多年来，课题组扎根于中国社会的土壤，先后在西安、深圳、平顶山、汉中等地进行了多次实地调查，共获得3万余份样本数据。面对中国社会发展现实问题，课题组成员用严谨的学术方法去观察、解释农业转移人口的生活状况及可持续发展的动因，并提出切实可行的政策建议，履行了他们作为公民与学者的责任。

本书作为该课题组的系列学术产出之一，主要关注城镇化发展到一定水平后，就地就近流动的农业转移人口在原居住地区一定空间半径内选择定居地的生计与发展这样一个“接地气，体民情”的主题。此项研究课题关系着数以亿计农业转移人口的乡城生活抉择。这些抉择受哪些具体因素的影响？这些因素能不能有一个简明清晰的检测体系？代次转移人口、市民化进程的进展程度以及农业转移人口希冀移入的城镇区域会给城镇化进程带来怎样的挑战？凡此种种都是十分值得探讨的问题。过去十多年间，该课题组一直在进行这样的理论探讨和创新尝试，相信本书一定能够在中国社会发展进入新时代之际，为中国乡村振兴战略的实施和城镇化战略的推进提供重要的理论和实证参考。当然，农业转移人口生计与发展并不是一本专著或一个团队就能够研究透彻、阐述清楚的，还需要更多、更深入的理论探讨和实证研究。我们期待也坚信西安交大课题组和其他同仁会发表更多、更好的研究成果。

李姚军

2019年10月于英国曼彻斯特大学

目录
CONTENTS

第一篇 导论

第二篇 生计资本现状

第三篇 生计恢复力测度

附　录

第一篇

导　论

第一章
绪　论

第一节　研究背景

2011年，中国城镇化率已经达到51.27%，城镇人口首次超过农村人口，达到6.9亿人。这不但是中国社会结构的历史性转变，而且也意味着城镇化的健康发展将成为重中之重；但与此同时，我国也面临着统筹城乡发展、改变二元经济结构、实现城乡人口转移、优化城镇空间布局、加强城镇产业支撑、跨越“中等收入陷阱”等方面的重大挑战。在中国高速城镇化进程中，人口特别是农业转移人口（主要是农民工）按照资源配置自发向城市汇集，使得大城市不断“膨胀”，涌现出一大批超级城市和特大城市，伴随而来的是交通拥堵、住房紧张、环境污染、事故灾害等“城市病”；而小城镇和农村发展则相对滞后，土地撂荒、空壳化和空心村等“农村病”开始显现，出现了“候鸟式”“钟摆式”等特有的人口流动现象。

党的十九大报告再次重申了“区域协调发展战略”，在“坚持新发展理念”中强调“推动新型工业化、信息化、城镇化、农业现代化同步发展，主动参与和推动经济全球化进程，发展更高层次的开放型经济，不断壮大我国经济实力和综合国力”。2014年印发的《国家新型城镇化规划》中要求，到2020年，我国常住人口城镇化率达到60%左右，户籍人口城镇化率达到45%左右，并强调统筹推进户籍制度改革与基本公共服务均等化，通过实施差别化的落户政策，把有能力、有意愿、长期在城镇务工经商的农民工及其家属逐步转为城镇居民。根据《2019年新型城镇化建设重点任务》，2019年新型城镇化建设要突出抓好在城镇就业的农业转移人口落户工作，推动1亿非户籍人口在城市落户目标取得决定性进展，实现常住人口和户籍人口城镇化率均提高1个百分点以上，其中强调积极推动已在城镇就业的农业转移人口落户，继续加大户籍制度改革力度，在中小城市和小城镇已陆续取消落户限制的基础上，Ⅱ型大城市要全面取消落户限制，Ⅰ型大城市要全面放开放宽落户条件，超大特大城市要调整完善积分落户政策。新型城镇化本质上是从传统的以“土地城镇化”为主导转向更多注重“人口城镇化”，实现均等化的公共服务，缩小城乡差距，从而获得消费的升级和经济的再发展。

早在2012年的中欧国际城镇化伙伴关系高层会议上，李克强总理提出中国的城镇化是大中小城市和小城镇并举的可持续发展之路。小城镇既是城市的产业、文明、文化向农村辐射的基地，又为农村提供了劳动力转移、人口转移、产业升级、质量提高的空间载体。与人口涌入大城市的异地城镇化相比，就地就近城镇化是城镇化的新模式。十九大报告在“实施区域协调发展战略”中讲到“以城市群为主体构建大中小城市和小城镇协调发展的城镇格局，加快农业转移人口市民化”，重申了推进新型城镇化发展这一重要发展方向。①

就地就近城镇化，是指区域经济社会发展到一定程度后，农村人口不再向大中城市迁移，而是在原居住地一定空间半径内，依托小城镇和新型农村社区，实现“就地就近城镇化、就地就近市民化、就地就近基本公共服务均等化”的城镇化模式。这是一条“既不离土也不离乡”的城镇化道路。经过改革开放三十多年的发展，目前我国农村经济实力明显增强，为实现就地就近城镇化提供了基础条件和发展空间。当前及今后一个时期，积极推进小城镇建设，着力推动大中城市优质资源向中小城镇乃至中心村延伸，鼓励农民向中小城镇集聚，多数农民就地创业安居，采取农村“就地就近城镇化”途径，这才是适合我们国情和地方发展的新型城镇化道

① http：//www.gov.cn/gongbao/content/2014/content_2644805.htm；http：//www.gov.cn/ldhd/2012-05/04/content_2129244.htm；http：//www.gov.cn/zhuanti/2017-10/27/content_5234876.htm。

路。把大城市与小城镇的文化、教育、医疗等资源有机整合，这既能够缓解大中城市过重的功能负担，又可以使小城镇居民也享受大城市的优质资源，缩小地域差别、城乡差别。

不论是异地城镇化，还是就地就近城镇化，农村居民、城市居民都将受到不同程度的影响，而农业转移人口，特别是农民工是其中最为直接的利益相关者，“农转非”居民则是城镇化进程的实际体验者。在城乡二元的社会体制下，农民工仍处于农民和市民之间的“半市民”状态，他们难以享受和市民同样的待遇和公共服务。农民工是城市经济发展的重要推动力量，却依然被当作“廉价劳动力”，被排斥在城市社会的制度环境之外。大量农民工沉淀在城镇，工业化进程与农民工市民化进程严重脱节。农民工市民化的最终实现，除了需要进行相关制度创新，逐步消除农民工市民化的制度障碍外，还需要加大相关投入，来解决农民工市民化过程中的基本社会保障与公共服务缺失的问题。

随着社会经济的发展和城镇化进程的持续推动，农业转移人口数量不断攀升，在城镇化进程中都需要经过从农村进入到城市，以实现生计可持续发展的目标。围绕“可持续生计与发展”这一研究主题，以解决存在问题为导向，从流出地和流入地两个视角切入，将农民工群体作为分析重点，同时考察可能进入城市的农村居民等农业转移人口，能够有效全面地刻画城镇化进程，深刻把握中国新型城镇化的特点和规律，进而促进社会稳定和城乡社会可持续发展。围绕这一研究思路，西安交通大学“新型城镇化与可持续发展”课题组（以下简称“课题组”）已有如下的调查研究积累：

第一阶段是2005年深圳市农民工调查。抽样调查在南山区、罗湖区、盐田区、龙岗区、宝安区等10个调查点开展，共获得有效样本1739份。研究重点是从社会资本、社会网络视角出发，分析农民工基于原有乡土社会初级社会网络，在城市社会中进行社会网络再构建的动态过程、特点和后果；研究农民工再构建的社会网络与原有乡土网络和市民社会网络的联系和区别；探讨人口流动、社会融合过程中农民工的婚姻家庭、生育、养老观念与行为的影响机制，特别是再构建的社会网络及其内嵌的社会资本对农民工的观念和行为的影响作用。调查所获取的数据资料用于分析农民工社会网络的性别差异及其社会人口影响，为促进农民工的社会融合和社会性别平等、实现农民工生计可持续发展的目标提供政策建议。

第二阶段是2009年厦门市农民工调查。抽样调查在厦门市湖里区的湖里、殿前、禾山、江头、金山5个街道的15个社区和6个企业进行，共获得有效问卷1507份。研究重点是从婚姻和社会融合的视角出发，分析农民工在城市的婚姻、生育、养老观念和行为的现状及影响机制，特别关注婚姻挤压背景下婚恋经历和婚姻状况如何影响农民工的婚姻、生育、养老观念和行为；基于客观社会支持和主观心理融合两个维度，研究农民工群体在城市的融合状况、影响机制及其心理后果；探讨农民工群体在城市生存和发展所需求的公共服务。调查资料用于分析农民工的生存和发展状况，为促进农民工的社会融合、应对和缓解农民工群体内部婚姻挤压、提高基础公共服务的管理水平、推进综合改革向纵深发展提供数据支持和政策建议，以推动城乡人口可持续发展。

第三阶段是2013年深圳市农民工/新型城镇化调查。该调查以深圳市坪山新区为调查地点；该区是典型的流动人口聚集区，常住人口逾60万，户籍人口约3.8万；调查全面覆盖了新区的23个社区，共获得有效样本2071份。本次调查着重探讨农民工的生计与就业、婚姻与生育、养老意愿与养老行为、农民工的社会网络、城市生活认同、社区安全、农民工市民化政策等问题。调查资料用于分析农民工的生计与发展、市民化现状与需求，为促进农民工的生计多样化、提高其应对生存风险的能力和水平、提升城市对农民工公共服务的供给水平、加快中国城镇化进程合理健康发展提供了重要参考和启示。该调查有利于在中国人口流动的大背景下深入探索新型城镇化道路。

第四阶段是2015年河南叶县新型城镇化调查。该调查基于前期以流入地城市为主的调查积累，重点选择河南省叶县，一个典型的中部流出地中小城市作为调查地点，旨在深入探讨农民工流出及返乡对流出地城市的影响。对流出地城市的典型剖析有利于更好地了解就地就近城镇化的模式和路径，服务于中国当下的城镇化进程。就地就近城镇化进程对农民工、城市居民、农村居民具有不同的影响，特别是在农民工的农村资产保护和户籍身份转换、城市居民的发展公平、农村居民的生计多样化等方面，对城乡统一协调发展的相关政策平衡和优化提出了挑战。通过就地就近城镇化的角度来定位和引导农民工流动，有利于更好实现城乡可持续发展的有效衔接和共同推进，并加快推进中国特色的城镇化进程。

第五阶段即本文所介绍的2016年陕西汉中新型城镇化调查。本次调查基于前期以流入地城市为主的调查，以及中部流出地中小城市的调查，选择陕西省汉中市，一个典型的中西部流出地城镇作为调查地点，旨在深入探讨包含农民工群体在内的农村居民、"农转非"居民的生存与发展现状。对流出地城镇的典型剖析有利于更好地了解就地就近城镇化的模式和路径，服务于中国当下的城镇化进程。就地就近城镇化进程对农民工、农村居民与"农转非"居民具有不同的影响，特别是对农民工的农村资产保护和户籍身份转换、农村居民的生计多样化和"农转非"居民户籍身份转换后的生计发展等均产生了深刻的影响，同时对城乡统一协调发展的相关政策平衡和优化也提出了挑战。通过就地就近城镇化的角度来定位和引导个体生计协同发展，有利于更好实现城乡可持续发展的有效衔接和共同推进，并加快推进中国特色的城镇化进程。

依托以上研究背景，本研究从生计资本现状与生计恢复力测度两个方面分析西部地区城镇化进程对不同人群的影响现状，采用第五阶段陕西汉中新型城镇化调查数据，系统剖析农村居民以及"农转非"居民生存和发展的基本特征、就地就近城镇化所面临的困难和需求。本研究将农村居民、"农转非"居民作为主要研究对象，以实现其家庭可持续生计与发展为主要目标，推动相应制度与公共政策创新，为探索有中国特色的就地就近城镇化道路提供思路和借鉴。

第二节 主要概念界定

为了后续叙述方便，这里对本书所涉及的就地就近城镇化、农业转移人口、农民工、农村居民等主要概念进行统一简单界定。

就地就近城镇化：指区域经济社会发展到一定程度后，农村人口不再向大中城市迁移，而是在原居住地一定空间半径内，依托小城镇和新型农村社区，实现"就地就近城镇化、就地就近市民化、就地就近基本公共服务均等化”的城镇化模式。

农业转移人口：指农业部门向其他产业部门转移的人口，其普遍特征为居住地与户口登记地所在乡镇街道不一致且离开户口登记地半年以上。在中国目前城镇化进程中，兼业生产与非农业生产已是农村人口的常态，因此农业转移人口主要包括两类，一类是户籍仍在农村，但已经从农村迁移到城镇工作生活或在农村与城镇之间流动的农业户籍人口，即“农民工”；另外一类则是潜在可能进入城市实现市民化的农村居民，其生产地点与生活地点暂未剥离，但是考虑就地就近城镇化的发展路径，他们也是未来就地就近城镇化的重点关注人群。此外，本书也关注了户籍已在城镇，且已在城镇工作生活的一小部分城镇居民，他们是在城市向外扩张的过程中，或因承包地、宅基地被征用，或因个人发展需求，被动或主动地从农村居民转变为就近城镇居民户籍身份的个体，其生活方式与生产方式的现代化程度后验了城镇化的真实影响。此外，在未指明的情况下，本书的农业转移人口主要包括农村户籍居民和“农转非”居民。

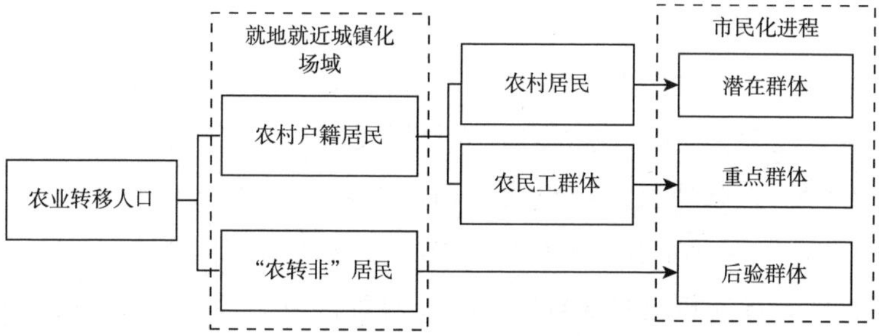

图 1-1　农业转移人口概念范围图解

农村居民：指在调查时为农业户籍，居住在城市或农村的人口，有纯农业、兼业和非农业生产等多种生计方式。若居住地在城市，且从事非农业生产则单指农民工群体。

“农转非”居民：指调查时点户籍为非农户籍类型，但曾经某一时段内户籍状态为农业户籍的居民。实际调研过程中，将其界定为近五年户籍状态从农业户口转变为非农业户口的城镇居民。他们不但获得了非农职业，还获得了非农业户口，成为城镇居民，享受城镇常住人口的制度待遇。

农民工：指在调查时离开农村流入城市或城镇半年及半年以上的居民，他们依旧持有农村户口，但在城市或城镇就业或居住半年及以上的人口，他们是农村居民中的特殊群体。

农业转移人口市民化：市民化不但是一个动态过程，也是一个状态和结果。农业转移人口市民化是户籍身份转变、逐渐享有均等化公共服务的过程，也是生计的可持续过程。

生计：个体及其家庭通过生计资本（包括自然资本、人力资本、社会资本、金融资本和物质资本）维持生活所需收入水平的不同行动及其结果。

公共服务：提供公共服务是政府职能的重要组成部分，中央或地方政府为了满足公共需求，通过使用公共权力和公共资源，向全国或辖区内全体公民或某一类公民直接或间接平等提供产品与服务。

随着农业转移人口迁移日益从“个体迁移”向“举家迁移”模式转变，举家迁移成为农村流动人口的主要迁移模式，在这一过程中流动儿童和随迁老人问题越来越突出。同时，城乡分割的户籍制度使得基本公共服务供给不均：农村居民和城市“农转非”居民公共服务天然的因城乡二元体制出现分化，农民工群体因多次流动往返城乡而产生公共服务转移接续的各类“难题”，总的来说农业转移人口的基本生活需求难以得到满足，同时也为城镇的教育、就业、民政、医疗、养老资源等基本公共服务容量和硬件设施等带来巨大挑战。

同时，农业转移人口的生活场域变化对他们的生育抚育行为和养老观念行为会产生深远影响。第一，随迁子女（农村流动儿童）在城市的社会适应与教育问题较为突出，特别是义务教育后的出路困境：由于大部分流入地对异地高考有严格的政策限制，部分在城市完成义务教育的流动少年、儿童或过早进入社会，或不得不返乡就学；但各地区教育体系和教材内容存在较大差异，这并不利于返乡就学的农村青少年继续高中教育。第二，农业转移人口中的农民工群体及其随迁父母的家庭养老支持与社会养老保障问题日益突出，对老龄化社会的可持续发展和养老保障制度改革具有重要影响。众多外出务工者在多次乡城往返后，成为本文中农村居民的重要组成，他们不得不面对失去城市工作而被迫返乡的现实问题，其养老需求及参与社会养老保险的意愿无法得到满足；外出务工使得农村家庭赡养老人的能力大大削弱，农村留守老人的家庭养老支持和社会支持相对匮乏，高昂的城市生活成本进一步加剧了外出务工成年子女的家庭养老经济压力；部分农村老人以照顾晚辈为主要目的跟随子女迁移进入城市生活，随迁老人的家庭养老支持和社会适应问题也随之浮出水面。

因此，对城镇化背景下农业转移人口生计与可持续发展的研究，需要对处在不同生命历程阶段、生活在不同空间区域的农业转移人口的生活福利现状、主要问题和政策需求进行系统分析。

第三节　研究目标

本书的主要目标是分析在陕西省就地就近城镇化的背景下，农业转移人口在子女教育、就业保障和养老保障等方面的现状、影响因素，并且构建以农业转移人口群体为主体的生计恢复力指标体系，以促进农业转移人口生计可持续为政策着力点，提出相应政策与制度建议。

在学术上，本书从生计可持续的角度，将城镇化、生计资本、农民经济学、家庭经济学、人口学、生计恢复力等相关理论和方法综合用于农业转移人口市民化的研究，形成系统分析和解决这一问题的新的理论框架和方法系统。

在实践上，本书以可持续生计和发展核心问题为切入点，从农业转移人口个体及家庭市民化生计策略选择和影响、农村转移人口生计恢复力出发，试图全面揭示不同代次、不同区域的农业转移人口市民化所面临的问题，进而探讨可能的政策创新和战略选择。本书强调问题导向和实践服务导向，根据不同问题特点，面向发改、人社、教育等不同政府部门提出相应的政策建议和实践干预措施，为消除城乡差别、促进农村和城市协调发展提供理论支持和参考。

具体目标包括：

（1）揭示城镇化进程中农业转移人口个人及家庭生计面临的主要问题、生计策略及其影响因素。市民化对农业转移人口不仅是一次身份改变的机会，而且是一次重要的生计选择。从生命历程主线来看，流动外出的农民工群体中生活在城市的农业转移人口个体及其家庭面临着子女教育、自身就业、自身及其随迁父母养老等三个核心生计问题。要实现农业转移人口市民化，首先，要满足子女“有学上”、自己“有活干”、父母“有保障”，才能最终实现农业转移人口的市民化身份转化。这也形成了本文主要研究对象“农转非”居民，部分外出务工群体返乡后就近非正式就业，成为具有农业户籍的兼业劳动者，他们也面临着“有活干”，子女教育“有发展”和父母生活“有保障”的生计问题。基于城镇化进程中生计资本脆弱性特征，对农业转移人口家庭生计及其影响因素进行研究，不但可以为深入认识城镇化对农业转移人口的家庭影响提供新的视角，而且可以为农业转移人口家庭可持续生计等相关政策制定和施行提供具体着力点和抓手。

（2）分析陕西省农业转移人口在城镇化进程中所面临的就业问题和主要需求。农业转移人口就地就近市民化是重要的社会流动，会给陕西省现有的就业结构带来重要冲击，甚至会改变目前的社会就业格局。在城镇化早期，农业富余劳动力向城市的自发流动为城市经济发展带了重要契机，但这种单向的自发流动并不具有可持续性。流动和未流动的农业转移人口在发展过程中面临着不同的就业和兼业选择。在就地就近城镇化背景下，发展以农业为依托的产业链有利于创造更多的陕西省就业岗位，满足不同类型农业转移人口的就业需求和生计策略。本报告从就地就近城镇化和就业保障的角度出发对农业转移人口的就业意愿进行分析，并对就地就近城镇化背景下农业产业的就业空间进行评估，这对农业产业拓展和农业转移人口的充分就业提供了重要的解决思路，也有利于促进农村的产业升级，加快陕西省现代化发展。

（3）构建针对农业转移人口的生计恢复力指标体系，为该群体生计恢复力提供计算模型。农业转移人口面临着生活环境的转变，其生计必然主动或被动进行调整以应对外部冲击，而生计恢复力即在研究某个群体或某个个体在遭受外部冲击时恢复到较好状态的能力。本书在揭示城镇化进程中农业转移人口个人及家庭生计的基础上，通过文献整理、调查实验、数据分析构建就地就近城镇化背景下的农业转移人口生计恢复力指标体系指标维度等，进而得出基本的测算模型，这不但丰富了对于农业转移人口研究的切入点，而且为政策改进建议也提供了实质的参考依据。

通过上述工作的深入开展，本研究不但为有序推动农业转移人口市民化的重大需求问题提供有针对性的政策建议，而且还为社会实际问题的解决提供新的思路和方法。

第四节 研究意义与价值

一 研究意义

（1）有利于深入研究就地就近城镇化背景下农业转移人口生计可持续问题。农业转移人口生计可持续问题虽然已经受到关注，相关研究从不同侧面对农业转移人口生存、生活和发展进行了较为全面的探讨，也做出了相应的政策研究，但是仍缺乏将不同方面进行有机整合的研究框架。同时，改革开放后40年的城镇化建设，农业转移人口面临的问题逐渐从以基本生计为主，转换为生存和发展并需的局面。本书基于农业转移人口的特点，着重关注城镇化对农业转移人口生计及发展问题的影响，研究城镇化背景下农业转移人口市民化的问题。不仅为城镇化背景下农业转移人口的可持续生计研究提供新的研究范式，还将生计问题拓展到确保农业转移人口立足城市的发展问题，同时也是对可持续生计以及城镇化研究的理论、方法和应用的完善与拓展。

（2）有利于发展新型城镇化背景下陕西省农业转移人口服务管理研究的新范式。在城镇化背景下，以多学科交叉科学研究为途径，以社会服务管理创新为导向，以农业转移人口市民化的生存、生活和发展及其服务管理需求为核心，探索通过理论研究、方法研究、机理分析、政策分析、公共政策创新等，有效推进陕西省农业转移人口市民化的服务管理和社会管理创新实践，提出研究、实践的综合路径和非线性创新模式，以促进改善陕西省农业转移人口生计、有序推进农业转移人口市民化、维护社会稳定与和谐发展。本书坚持宏微观相结合、局部与整体相统一、学术研究和政策研究相互促进、多学科交叉融合为特征的研究范式，是丰富社会管理的创新体系的有益尝试。

（3）有利于丰富农业转移人口研究的理论和方法，拓展应用领域。农业转移人口是一个涉及包括人口学、社会学、经济学、公共政策、公共治理等在内的众多学科的重大理论与实践领域，其生计的可持续发展更是一个复杂的动态过程。它不仅表现在农业转移人口的生存和发展与社会稳定之间的关系往往不是单一、线性的，而且表现在农业转移人口及其生计的可持续发展问题容易受到社会、政治等环境影响，而这些环境因素在中国社会转型期表现出显著的多样性和不确定性，且伴随着巨大的地区与群体差异。本书将人口学分析、统计分析、内容分析与管理、公共政策中的有关理论统一纳入农业转移人口可持续生计分析框架，综合应用公共政策分析和仿真预测分析等多种方法，形成农业转移人口市民化过程中的生计可持续的新理论和新方法，不仅可以满足农业转移人口生计与发展可持续复杂性研究的需要，而且拓展了这些理论和方法的应用领域，为转型期社会其他弱势群体的研究提供借鉴。

二 研究价值

（1）为陕西省农业转移人口可持续生计的服务管理提供现实依据。由于农业转移人口分属不同部门管理，而各部门依据自身的管理重点掌握了农村居民和农村就近流动的农民工群体以及转换户籍的“农转非”居民人口的不同个体信息和资料，这些信息获得的渠道、内容和用途不同，相互之间印证困难，不协调之处甚多。本书对现有不同口径、不同标准的数据进行统一、标准化处理，并通过调查补充一定数量的微观数据和质性数据。这些数据不但可以为后续研究提供全面的数据支持，而且也为有关政府部门提供可靠的现实依据，通过科学的方法加以分析和展示，有助于有关部门全面、准确地掌握陕西省农业转移人口的人口学特征、生计状况，为完善和评估农业转移人口可持续生计的服务管理提供数据支持。

（2）为陕西省农业转移人口生计可持续发展的服务管理提供数据支持。农业转移人口的市民化最终落脚点是人的市民化，因此不仅需要解决其基本生计问题，最终需要解决生计可持续发展问题。本书从生存和发展两个角度全方位地探讨农业转移人口市民化的整体需求，研究在城乡发展一体化的进程中提供均等化公共服务的现实性。农业转移人口的服务管理是社会管理的核心问题之一，也是目前中国民生战略的重要内容。在农业转移人口的可持续生计发展中，核心目标是促进流动激活社会活力、通过群体交融达成社会融合、获得政治权利促进社会公平。本书改进和发展了农业转移人口的可持续生计分析框架，探讨影响农业转移人口可持续生计的生存、生活和发展的社会服务管理因素及其诉求，并系统总结目前农业转移人口服务和管理模式特点及存在的问题，将在微观和宏观层次为农业转移人口服务与管理的政策和国家战略制定提供现实依据。

(3) 为陕西省“三农”问题解决和可持续发展服务管理提供政策支持。陕西省区域城乡发展的不均衡性，导致了陕南、陕北、关中各地区农业转移人口公共服务供给和政策制定具有差异性。在新型城镇化背景下，农业转移人口市民化旨在通过政策调整和布局，逐步实现公共服务均等化，提高农业转移人口市民化后的可持续生计与发展能力。本书通过对不同地区和不同生命历程的农业转移人口公共政策梳理、评估，识别影响农业转移人口市民化后可持续生计与发展的核心政策，结合相应的农业转移人口就业发展与社会保障政策调整，为陕西省农业转移人口生计的可持续发展服务管理提供政策支持。

第五节　研究思路

一　对研究问题的认识

城镇化是伴随工业化发展，非农产业在城镇集聚、农业转移人口向城镇集中的自然历史过程，是人类社会发展的客观趋势，是国家现代化的重要标志。城镇化问题是一个世界性问题，从发达国家到发展中国家都需要面对和解决。一方面，由于缺乏前期规划，美国在城镇化过程中遭遇过贫穷、污染、交通拥挤、犯罪率上升等问题，为了摆脱大城市带来的困扰，人口向中小城镇迁移，这种“逆城市化”虽然满足了中产阶级理想的居住需求，却因城市无序蔓延造成了巨大的资源浪费和能耗过度；另一方面，某些美国中心城市却日渐衰败，居民生活贫困、公共福利和救济支出增加等问题突出。城市化率高达82%的拉美地区也在经历“城市病”：由于缺乏规划管理，城市环境污染、交通拥堵、暴力加剧、贫富分化、教育医疗资源匮乏、基础设施薄弱等一系列问题日益严峻。

中国社会已经进入城镇化的中期阶段，加快城镇化进程是未来几十年中国最大的发展潜力所在。同时，城镇化对农村、农民和农业产生深远影响，是解决“三农问题”的关键措施和有力抓手。城镇化进程是一个第一产业向第二、三产业转型的过程，也是一个农民离开农村进入城市的迁移过程，还是一个城市和农村协调发展的过程。随着中国城镇化进程的加快，城市人口的数量和结构持续发生改变。国家统计局对外公布的《2018年农民工监测调查报告》显示，2018年农民工总量为2.88亿人，在乡内就地就近就业的本地农民工1.15亿人，到乡外就业的外出农民工1.72亿人。李克强总理2014年主持召开国务院常务会议，部署“做好为农民工服务工作，有序推进农业转移人口市民化”工作时，特别强调，“对于长期居住在城市并有相对固定工作的农民工，要逐步让他们融为城市‘新市民’，享受同样的基本公共服务，享有同等的权利”。以农业转移人口为代表的流动人口已经成为城市人口的重要组成部分，是中国城市发展进程中最重要、最直接的利益相关者；也是提高城镇化率最重要的贡献者；更是中国城镇化进程中，最值得重视的城市人口；此外，随着城镇化进程的加快，为了达到2020年城镇化率60%的目标，将会有更多的农业转移人口进入城市。

新型城镇化是我国实现现代化的必由之路与必需之策，就地就近城镇化成为陕西省推进新型城镇化进程的主要路径。我国各区域在经济、资源及人口等方面差异较大，社会经济发展不平衡，这决定了我国各地区要根据区域实际与特点，逐步推进就地就近城镇化。东部发达地区，大中城市集中，应充分发挥大中城市的极化效应，推进产业结构高度化，提升城市化的质量。中部欠发达地区，应抓住东部大城市产业结构升级的产业挤出效应，积极承接产业转移，实现工业化，吸纳东部返乡和就近转移的农民工，加快产业集群发展和人口集聚。西部不发达地区，则应立足于本地优势资源，选择能发挥本地有利条件、有相当市场潜力的产业优先发展，把潜在资源优势转化为现实经济优势，启动区域工业化进程，强化中心城镇产业与人口集聚效应。陕西省作为“新丝绸之路经济带”的重要节点，要实现城镇化以及农业转移人口的市民化，对全国人口、经济与社会的可持续发展具有重要的积极意义和深远影响。城镇化是建设“三个陕西”，打造陕西经济升级版的重要途径。“十三五”时期，如何立足三秦实情，创新新型城镇化发展方式，推进“四化同步”与区域协调发展，确保小康社会全面建成，是未来陕西省城镇化工作的重中之重。陕西省城镇化总体水平较低，内部差异较大。2017年城镇人口增长至2178.15万人，城镇人口占常住人口的比重为56.79%，较2016年提高1.45个百分点。科教文卫等优质资源分布相对集中，县域、乡镇公共服务水平相对滞后。城市规模与布局呈“裸锥型”，大城市病蔓延的同时，发达中小城市过少，城市间的辐射与支撑作用不尽理想。户籍、土地政策有待深化。差别化落户政策作用不佳，未能调和不同人群落户诉求与落户条件之间的基本矛盾，导致与户籍制度挂钩的考试招生、住房保障、公共卫生、基本养老等制度联动困难。以土地求发展的传统思想还未根本转变，农村土地的“三权”关系还未理清，多样化、制度化的土地流转还未实现。农村乡土文化破碎，人口流动问题显著。根据陕西省2015年全国1%人口抽样调查结果，全省流动人口占常住人口的15.21%，仍处高位。从结构上看，省内流动更加活跃，省际人口流动减缓。省内流动人口占全省流动人口的85.6%，绝大部分属于农业转移人口（即农民工）。农民工的频繁流动，极大影响了农村基层组织建设发展、基础设施更新维护、乡土特色和民俗文化传承延续，使陕西省“三留”问题、大中城市承载力和社会治理问题日渐凸显。①

过去的数十年，陕西省的城镇化已经出现了一些问题，如何借鉴其他地区经验，发挥后发优势，使陕西省在城镇化道路上少走弯路、少交“学费”，探索具有陕西特色的“新型城镇化”道路、实现农业转移人口市民化，是值得学术界长期关注和深入研究的理论问题，同时也是国家实现人口、经济和社会可持续发展的重大战略问题以及社会政策与国家体制创新问题。

随着城镇化进程的顺利推进，农业转移人口已然成为未来城市人口的

---

① 参见陕西省统计局：《2017年陕西省国民经济和社会发展统计公报》，2018年3月26日，http://www.shaanxi.gov.cn/jbyw/ggjg/tjgb/sxsgb/105277.htm，2019年5月28日访问。

重要组成部分，越来越多的地方政府将以农业转移人口为主体的新移民称为“新市民”，体现了政府对农业转移人口接纳的态度和公共政策创新的方向；“以人为核心”的新型城镇化和农业转移人口市民化有利于促进社会公平和共同富裕，关乎公民权利平等与社会稳定。《世界城市现状报告》指出，随着全球人口的迅速增长和城镇化进程的加快，全球有超过10亿人口居住在贫民窟里，缺乏教育、卫生以及其他基本服务，甚至没有安全的住房和充足的食物。同时，世界上最贫困的地区居住了数量最多的贫困人口，这些人口缺乏生活必需品和公共服务，社会不平等将对城市和地区的经济社会发展造成负面影响，如果这种不平等长期存在，无论是一个城市还是社会都不可能是和谐的。城市人口间的收入不平等会成为社会和政治裂痕的滋生地，最终导致社会不稳定，甚至是严重的冲突，从而威胁到整个国家。拉美国家的“城市病”导致的贫富分化及资源与公共服务分配的不公平引发了一系列社会矛盾，例如在巴西，由抗议公交票涨价引起的示威和骚乱在全国不断蔓延、升级，给社会稳定带来了极大的负面影响。因此，减少收入的不平等，并使农业转移人口能够更多、更方便地享受公共服务，对于预防冲突、维护公共安全和社会稳定至关重要。

城乡二元分割的户籍制度及其与之配套的基本公共服务供给等制度因素，以及长期城乡割裂所形成的社会文化差异，使得农业转移人口等未来“新市民”在城市的可持续发展基础明显弱于城市户籍人口，农业转移人口的生计可持续发展是实现“人的城镇化”的核心问题。在中国经济社会转型过程特别是城镇化加速过程中，与城市户籍人口相比，农业转移人口在子女上学、自身就业、家庭养老、社会融合、权利享有等方面还存在差距。如果不能解决农业转移人口的生存和发展问题，不仅会直接影响农业转移人口及其家庭的基本生活需求，也会对城市人口与社会的可持续发展带来冲击，阻碍陕西省的城镇化进程。虽然各级政府在公共服务均等化方面做出了一系列努力，但是农业转移人口内部的年龄、性别等构成复杂，使得对农业转移人口在城市的生存与发展研究显得尤为必要。

农业转移人口市民化的最终实现，除了需要进行户籍制度、就业制度、社会保障制度、土地制度等相关制度的改革和创新，逐步消除农业转移人口市民化的制度障碍外，还需要加大相关投入，解决农业转移人口市民化过程中的基本权力保障和城市公共服务享受的资金需要。

因此，本书认为农业转移人口就地就近市民化不仅是陕西省城镇化的核心和关键问题，同时解决以农业转移人口为代表的新市民“有学上”“有活干”“有保障”等核心生存问题，也是解决陕西省“三农”问题的现实路径和抓手。

二　研究视角的引入

本次调查将宏观态势和制度政策分析与微观农村居民与“农转非”居民市民化生计问题相结合，具体引入“地域”和“代次”两个主要的视角，以此为主贯穿全文进行差异化分析。由于中国区域发展不平衡、城市规模和发展水平悬殊，农业转移人口内部存在分化和差异，本书有机整合“地域”和“代次”两个视角，以期从空间和时间两个维度立体地探讨陕西省农业转移人口就地就近市民化过程中的关键问题，为统筹解决“三个一亿人”的问题提供思路和借鉴。因此，本书在“地域”视角下比较陕西农业转移人口在城镇近郊流动与城镇远郊迁移之间的差异；在“代次”视角下区分老一代和新生代农业转移人口的差异，探讨农业转移人口市民化可能受到的风险冲击以及相应的可持续生计策略。

（一）地域视角

人口的流动是相当复杂的经济社会现象，其流向具有明显的地域分布特征。目前，农业转移人口的主要流入地依然是经济较为发达的大城市，但随着“大中小城市和小城镇协调发展”战略的实施，其流向中小城市的比例明显增加。由于与大城市距离不同的小城镇在人口结构、产业结构、经济发展水平和社会保障等方面均存在较大的不同，因而农业转移人口群体在不同类型城镇中的市民化过程也会面临不同的问题和困境。同时，市民化不仅包括在流入地的市民化，也包括在流出地的市民化；相较于流入地，农业转移人口在流出地基本不存在文化观念上的差异，其市民化过程更易实现。由此我们可以看出，不同地域的农业转移人口市民化具有不同的途径和过程，其市民化过程所面临的问题及解决方式也会有所不同。因此，本书认为从不同类型城镇及流出地和流入地的地域视角分析农业转移人口市民化问题，不仅是对市民化系统深入研究的学术需要，同时也是统筹解决农民工市民化问题的现实需要，具有重要的现实意义和较强的学术意义。

（二）代次视角

农业转移人口群体内部的代次分化逐渐明显。这一特征在农民工群体中十分明显：出生在 1980 年后的新生代农民工已经成为外出务工的主体，所占比例高达 60%，大约 1 亿人。相对于老一代而言，新生代农民工从小离开乡村（甚至有不少直接在城市长大），或者学校毕业后直接外出务工，他们对农村、土地的感情相对淡薄，大多数人不打算回户籍所在地务农，而是希望留在城市生活，他们外出务工的动因已经从老一代单纯的生计谋生转变为城市发展。此外，新生代农民工具有“受教育程度和培训水平明显提高、成长经历趋同城市同龄人、行业和职业升级明显”的“新”特征。与老一代农民工基于“生存理性”的外出不同，物质生活的逐渐丰富使得新生代农民工的需求层次由生存型向发展型转变；他们更多追求个人发展和实现个人梦想，呈现“注重精神文化生活的需求，社会保障的需求更强烈，维权意识日益增强，更加渴望融入城市”的“新”需求。新生代农民工问题不简单是传统农民工问题在新阶段的延续、体现和发展；其自身的新型特征以及由这些新型特征带来的生存与发展方面的特殊需求更明显。因此，本书将把代次视角贯穿于农业转移人口市民化研究的全过程。

三　研究框架及主要内容

党的十八大报告指出“推动城乡发展一体化……加快改革户籍制度，有序推进农业转移人口市民化，努力实现城镇基本公共服务常住人口全覆盖”。2013 年“中央一号”文件进一步明确“有序推进农业转移人口市民化……把推进人口城镇化特别是农民工在城镇落户作为城镇化的重要任务”。2014 年公布的《国家新型城镇化规划（2014-2020 年）》用了单独章节论述“有序推进农业转移人口市民化”，并强调“按照尊重意愿、自主选择，因地制宜、分步推进，存量优先、带动增量的原则，以农业转移人口为重点，兼顾高校和职业技术院校毕业生、城镇间异地就业人员和城区城郊农业转移人口，统筹推进户籍制度改革和基本公共服务均等化”。《中国流动人口发展报告2017》显示中国流动人口占总人口的约六分之一，达到2.45亿。农民工在农业转移人口中所占比重高，是中国流动人口的主体。新型城镇化与新型工业化、信息化和农业现代化是促进中国经济、社会发展的重大战略决策，而实现新型城镇化的核心任务就是“人的城镇化”。加快推进城镇化发展是现阶段解决“三农”问题最直接、最有效的方式，中小城镇将在我国城镇化进程中扮演重要角色，必将为“三农”发展带来新机遇。①

促进个人及其家庭的生计可持续是城市农业转移人口可持续发展的基础。农业转移人口决定在何时、何地、什么条件下市民化，本质上是其生计策略的选择，该选择不但受到政治、经济、社会、文化以及政府制度和政策等生计环境的影响，更受到其自身生计资本的影响。农业转移人口家庭市民化进程中，除了以积蓄以及经常的资金流入为主要内容的金融资本变化较小之外，自然、社会、物质、人力、金融等生计资本将发生根本变化。耕地、林地等在农村的自然资源储备不能搬移，农业转移人口的自然资本将大大削弱；由于工作和生活场域变化，农村的社会关系将无法维系，因此农业转移人口必须在城市重新构建社会资本；农村的生产和生活工具将不能完全适用城市，因此需要补充物质资本；城市生活成本的提高和未来发展意愿会影响农业转移人口金融资本安排；市民化对农业转移人口的知识和技能、劳动能力、适应能力等提出了更高的要求，因此需要充实人力资本。不同的农业转移人口家庭有不同的生计资本，在市民化过程中生计资本的变化也不尽相同，但是保持生计资本的稳定，使得农业转移人口在城市有一份稳定的工作，以维系其家庭在城市生存和发展的基本生计资本需要，不仅是农业转移人口个人和家庭应该面对的问题，更是政府应该着力解决的问题。通过生计资本的合理组合，农业转移人口市民化进程中可能面临的生计策略很多，可以受雇就业或者创业，政府应该依据自然和政策环境，提高其生计资产组合能力和应用能力，通过合理引导，将

① http://www.gov.cn/guowuyuan/2014-12/24/content_2796001.htm；http://www.stats.gov.cn/tjsj/zxfb/201804/t20180427_1596389.html。

农业转移人口家庭有限的生计资本发挥最大效用，做出理性的生计策略，解决农业转移人口在城市“有活干”的问题，以维系农业转移人口家庭在城市的其他基本生计需要。[①]

随着农业转移人口迁移日益向“举家迁移”模式转变，农村户籍居民也受到城镇化的吸引产生流动倾向，解决“人的城镇化”和农业转移人口市民化需要从农业转移人口群体扩展到随迁子女和随迁父母，以生命历程为视角关注新型城镇化背景下处于不同生命历程阶段的农业转移人口的生活福利与可持续发展现状和政策需求，是实现“人的城镇化”和农业转移人口市民化的核心问题。根据2016年国家卫生计生委流动人口计划生育服务管理司的流动人口监测数据，家庭化流动趋势明显，家庭户平均规模保持在2.5人以上，2人及以上的流动人口家庭户占81.8%以上，在流入地生育、就医、养老的比例不断上升，对相关公共服务和社会保障的需求持续增长。举家迁移日渐成为农村流动人口的主要迁移模式，流动儿童和随迁老人问题日益突出。同时，由于城乡分割的户籍制度带来基本公共服务的不均等，农业转移人口的基本生活需求还未得到满足，同时对城镇的教育、就业、民政、医疗、养老资源等基本公共服务和硬件设施等带来巨大压力。因此，对城镇化背景下农业转移人口生计与可持续发展的研究，需要对处在不同生命历程阶段、生活在不同空间区域的农业转移人口的生活福利现状、主要问题和政策需求进行系统分析。农业转移人口长期在城市工作生活，生活场域的变化对他们的生育抚育观念行为和养老观念行为都会产生深远影响。第一，随迁子女（农村流动儿童）在城市的社会适应与教育问题较为突出，特别是义务教育后的出路困境：由于大部分流入地对异地高考政策有严格的限制，部分在城市完成义务教育的流动少年儿童或者过早进入社会，或者不得不返乡就学，各地区教育体系和教材内容存在较大差异，不利于返乡就学的农村青少年继续高中教育，进而给提高流出地高考入学率造成不利影响。第二，农业转移人口及其随迁父母的家庭养老支持与社会养老保障问题日益突出，对老龄化社会的可持续发展和养老保障制度改革具有重要影响：30余年的城乡人口流动形成了4600万的50

---

① http：//www.nhfpc.gov.cn/ldrks/s7847/201610/d17304b7b9024be38facb5524da48e78.shtml。

岁以上的中老年农业转移人口，他们不得不面对失去城市工作而被迫返乡的现实问题，其养老的需求及参与社会养老保险的意愿非常强烈；外出务工使得农村家庭赡养老人的能力大大削弱，农村留守老人的家庭养老支持和社会支持相对匮乏，高昂的城市生活成本进一步加剧外出务工成年子女的家庭养老经济压力；部分农村老人以照顾孙子女为主要目的随迁到城市，随迁老人的家庭养老支持和社会适应问题业已浮出水面。因此，本书的主要研究对象聚焦在农业转移人口，同时关注农业转移人口中农村居民可能会存在的随迁子女和随迁父母等其他农业转移人口的市民化问题。在解决农业转移人口自身“有活干”的基础上，对随迁子女主要关注其家庭和学校教育、健康社会化与社会融合，解决“有学上”的需求；对随迁父母关注其家庭养老和社会养老支持，考察农业转移人口及随迁父母的养老保险参保情况及其养老意愿，实现“有保障”。[①]

随着农业转移人口的市民化，原来只覆盖本地户籍居民的基本公共服务扩展到农业转移人口需要额外的投入。农业转移人口市民化过程中要实现职业、地域和身份三重转换。农业转移人口及其家庭一旦做出城镇化生计选择，不但对其自身和家庭将产生直接影响，而且会对全社会的资源配置产生重要影响。提高资源配置效率要以成本测算为前提。农业转移人口市民化成本既包括基本公共服务和公共基础设施投入，也包括个人及家庭因居住环境改变增加的开支等。农业转移人口市民化成本测算非常复杂，国内已经有不少学者给出了各自测算的结果，但正如美国华盛顿大学地理系陈金永教授在《“外来”与未来：美国移改对中国户改的启示》一文中所指出，目前研究多假定流动人口会在短期内将成本核算中的社会福利、公共服务都花光，从而导致了成本测算的不准确。农业转移人口市民化既呈现静态的结果，又反映动态的过程，还涉及不同地域和不同人口结构的复杂组合。因此，需要总体把握农业转移人口市民化的特征与趋势，系统考虑各种影响因素，特别是市民化可能对农业转移人口个人、城市和农村带来的双面影响（例如，一方面虽然农业转移人口市民化带来了公共设施和服务投入的增加，但是另一方面农业转移人口市民化之后劳动创造的产

① http：//magazine. caixin. com/2013-07-31/100563241. html？p0#page2。

值会增加），才可能给出更科学、更精确的成本测算，进而制定合理的分摊机制。从宏观和微观两个层次准确测算农业转移人口市民化的成本，将为国家制定新型城镇化的战略发展规划提供科学依据。

基于上述认识，本课题组认为，推动以农民工为主的农业转移人口市民化是一个逐渐消除“城乡差异”的战略任务，聚焦宁强、城固、汉中“十三五”建设目标，统筹推进稳增长、促改革、调结构、惠民生、防风险各项工作，经济社会发展质效双增、持续向好。

本书调研地城固县紧邻汉中市区，具有较好的区位优势，同时农业有特色，工业有很好的基础，旅游等第三产业发展迅速，可以作为陕西乃至中国西部城镇化率较低但增速较快地区的代表。同时，宁强县是一个南北交汇、襟陇带蜀的山区县，是大西北进入大西南的主要门户和黄金通道。宁强南站是西成高速铁路在汉中市宁强县所设站点。车站位于宁强县高寨子镇筒车河村，距县城约 4 公里。西成高铁宁强南站的建设将促进宁强融入西安、成都两大城市的经济圈。宝成、阳安铁路纵横县境，108 国道、西汉高速公路穿境而过。宁强是汉江的发源地，素有“三千里汉江第一城”之美誉。宁强县在整个汉中市地理位置独特，它位于汉中市西南角，与四川接壤，工业基础较为薄弱，县域内人口输出较多，因此新型城镇化发展相对较为缓慢。

宁强地区是羌族文化的保护区，羌族的建筑文化历史悠久，功能多重，这种极具民族特色的建筑文化，是我国传统建筑文化中不可或缺的一个组成部分。这一独特的旅游文化资源为宁强地区的文化旅游、经济发展注入了独特的吸引力和推动力，宁强县注重对羌族文化的保护、传承和宣传，力促新型城镇化的发展。

2017 年，宁强以脱贫奔小康为统领，坚持绿色、协调发展理念，强力推进供给侧结构性改革，着力转变经济发展方式，优化调整经济结构，激发经济发展动能，经济发展呈现平稳运行、质量向好的态势。年末户籍总人口 326273 人，城镇人口 60934 人，宁强生产总值完成 83.3 亿元；全社会固定资产投资完成 101.13 亿元，增长 1.2%；地方财政收入 1.22 亿元；城镇、农村常住人口人均可支配收入分别达到 27788 元、9555 元（数据来源：宁强县 2017 年国民经济和社会发展统计公报）。

总之，宁强远离中心市区，区位优势相对缺乏，同时农业是传统产业，工业基础相对较弱，生态资源丰富但旅游等第三产业发展仍需加强，可以作为陕西乃至中国西部城镇化率较低但增速较低地区的代表。

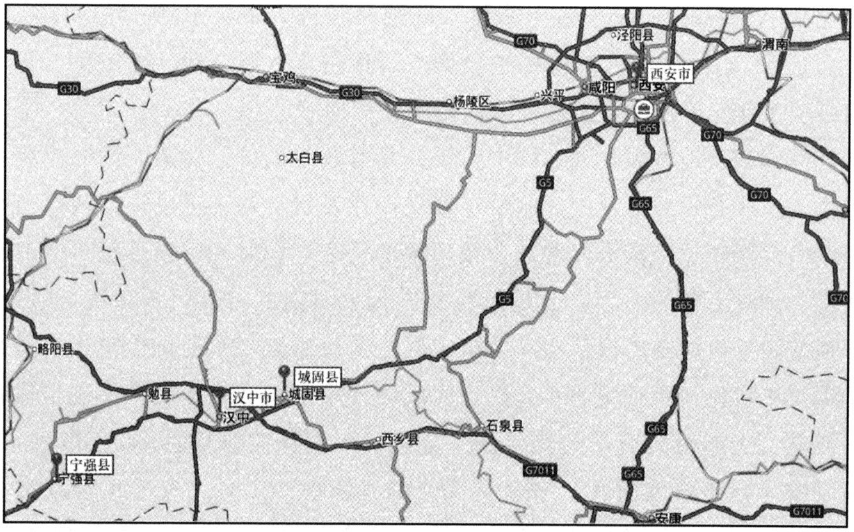

图 1-2 调研地主要位置

资料来源：百度地图。

四 调查构成与调查内容

本次调查主要由问卷调查和质性访谈两部分构成。

问卷调查。本次调查是一次较为全面的调查，涉及调查对象包括农村居民、“农转非”居民、中小学生及其家长等群体。本研究主要选取农村居民和“农转非”居民作为主要研究对象。调查报告将对以上相关人群的数据进行分析。其中，农村居民调查的对象包括 1980 年以前和 1980 年以后两个出生队列的人群。调查地点包括社区、工厂工地、农村等。

质性访谈。为了能够更全面、更深入地了解新型城镇化过程中的关键问题，质性访谈对抽样问卷调查中一些不能覆盖的信息进行必要的补充。在抽样调查的同时，由调查指导员借助事先设计好的结构化访谈提纲，对部分调查对象进行访谈。

本次调查以微观的个人问卷调查为主，也包括中观的社区、工厂、学校、街道问卷调查。调查内容涉及基本情况、生计与就业、城镇化政策、恢复力、婚姻与家庭、养老与保障等。各类问卷的主要调查内容如表 1-1 所示。

表 1-1 调查内容

问卷类型	项目	具体调查内容
微观调查问卷	农村居民卷	基本情况、生计与就业、城镇化政策、恢复力、婚姻与家庭、养老与保障等
	“农转非”卷	基本情况、生计与就业、城镇化政策、恢复力、婚姻与家庭、养老与保障等
中观调查问卷	社区卷	人口基本情况、经济和社会情况、土地情况、基础设施、婚姻习俗、社会制度与结构
	工厂卷	人口基本情况、经济和社会情况、居住信息
质性访谈	农村居民与“农转非”居民	个人和家庭基本信息、个人打工和经济情况、社会分层、婚姻情况、家庭代际支持、恢复力和政策

1. 调查的抽样过程

（1）问卷调查的抽样

本次调查包括农村居民调查和“农转非”居民调查，主要采用整群抽样的方法，选取有代表性的工厂工地和村庄。在农村居民调查中，分别在汉中境内的城固县和宁强县各选取有代表性的 2 个城镇，在每个城镇选取 2~3 个村庄。其中包括城固县内离县城较近、经济较快发展、年轻劳动力就近务工的柳林镇，离县城较远、经济欠发达、有观光农业，劳动力外流较多的桔园镇，还有宁强县内离县城较近、经济较发达、年轻劳动力就近务工的汉源镇，离县城较远、经济欠发达、劳动力外流较多的阳平关镇。在城固县共抽取 5 个村庄，其中，在柳林镇抽取 3 个村庄，分别为小营村、柳林村和新柳村；在桔园镇抽取 2 个村庄，分别为刘家营村、许家庙村。在宁强县抽取 5 个村庄，其中，在汉源镇抽取 3 个村庄，分别是东门村、七星池村、柏林驿村；在阳平关镇抽取 2 个村庄，包括小鱼村和阳平关村。

“农转非”居民调查主要由当地派出所依据近 5 年获得非农户籍人口的登记手册，采取整群方便抽样的方式，样本涵盖宁强县县城居民主要涉及的第二、第三产业从业人群。尽管没有抽样框可用，但本次调查试图覆盖所从事的所有典型行业，无论是在第二产业“农转非”调查还是第三产业“农转非”调查中，采用整群加方便的抽样方式，尽量覆盖不同的性别、年龄和婚姻状况。对农村居民的调查则采取把居民按小组聚集到村委会、村里某个点的方式集中作答。总体来说，样本量较大，覆盖了城固县与宁强县的村落和企业工厂。调查采用的是整群抽样为主、方便抽样为辅的方式，样本具有典型性，可用于理论检验，适合对相关问题进行深入系统的分析研究并进行应用推广。

（2）质性访谈的抽样

为了更直接地了解各个群体在汉中城乡的生活就业状况，综合考虑他们的年龄分布、职业分布和所在地区特征，在村庄和企业工厂均随机抽取调查对象进行深度访谈。同时，也对质性访谈对象进行了复访，用以检验问卷的信度。

2. 调查样本类型与规模

（1）问卷调查实际数量

本调查选取紧邻中心市区、经济较为发达的城固，以及离中心市区较远、经济相对滞后的宁强作为典型的调查地，回收农村居民样本 1452 份，回收“农转非”居民有效问卷 662 份。各部分样本分布如表 1-2 所示。

表 1-2 农村居民与“农转非”居民抽样调查实际数量

单位：%

项目	总体	性别		样本量	代次		样本量
		男性	女性		1980 年以前	1980 年及以后	
农村居民	1452	596	851	1447	1083	365	1448
城固	741	275	466	741	562	177	739
柳林镇	391	148	243	391	306	84	390
小营村	166	65	101	166	132	34	166
柳林村	130	42	88	130	107	23	130
新柳村	95	41	54	95	67	27	94

续表

项目	总体	性别		样本量	代次		样本量
		男性	女性		1980 年以前	1980 年及以后	
桔园镇	350	127	223	350	256	93	349
刘家营村	146	55	91	146	110	36	146
许家庙村	204	72	132	204	146	57	203
宁强	711	321	385	706	521	188	709
汉源镇	343	162	177	339	257	85	342
东门村	179	94	81	175	128	50	178
七星池村	88	33	55	88	72	16	88
柏林驿村	76	35	41	76	57	19	76
阳平关镇	368	159	208	367	264	103	367
小鱼村	185	82	102	184	134	50	184
阳平关村	183	77	106	183	130	53	183
“农转非”	695	302	386	688	432	263	695
汉源街道办	351	117	231	348	186	165	351
高寨子街道办	344	185	155	340	246	98	344

注：“总体”表示接受调查的样本总数，“样本量”表示剔除缺失值后，在不同视角下的样本个数。例如，本次调查中 5 人未填写性别，4 人未填写出生年份，导致性别与代次视角下的样本量与总体存在偏差，以上情况缺失属于正常的调研误差，并且人口学变量缺失的样本均未进入下文分析。

（2）质性访谈数量

本次调查中，共进行个访 5 人，其中农村居民 3 人，在外务工的农村居民 2 人。个访比例符合调研典型性规定，可用于实证数据检验，适合对相关问题进行深入系统的应用推广。

1. 调查数据质量控制与评价

（1）数据质量控制与评价

整个调查以及数据录入过程如图 1-3 所示，在现场调查以及数据清洗过程中均执行了严格的质量控制程序，主要包括调查之前的培训、调查过程中的跟访和调查结束后的问卷审核及复访，以及数据双工录入和逻辑检验控制。由于各种原因，调查数据难免会存在一定的误差，但是课题组采取了多种措施来保证数据质量，使误差在一个可接受的水平内。本次调查抽样复访与正式访问的一致率在可接受的范围内，5%等距抽样双工录入的一致率在95%以上。

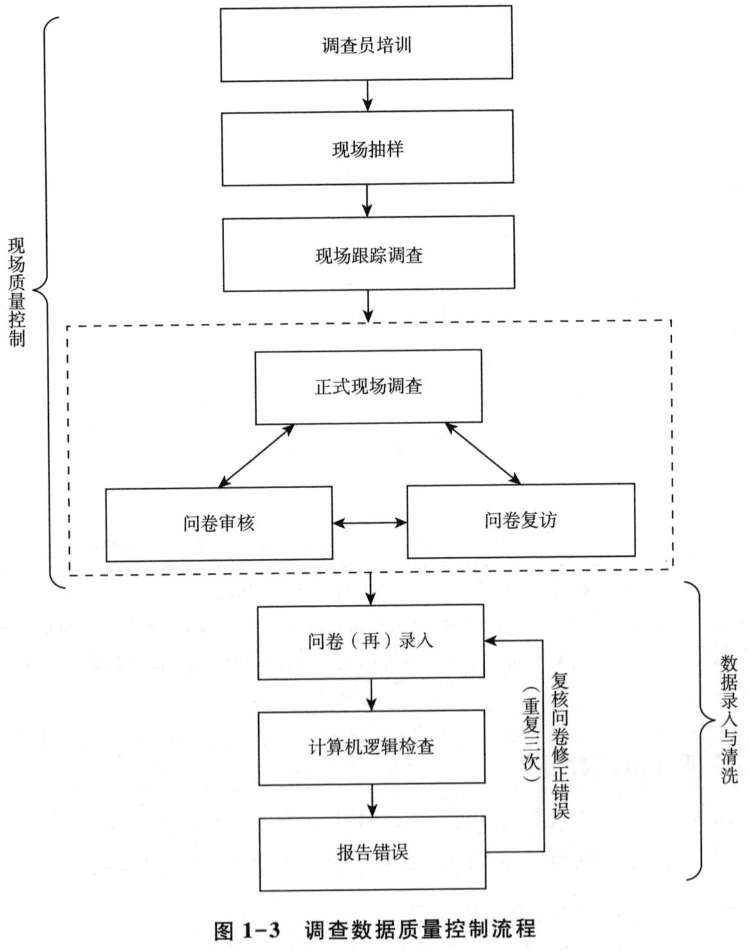

图 1-3　调查数据质量控制流程

（2）调查前培训

本次调查共有23位调查指导员，所有调查指导员均为本课题组成员。农村居民调查中调查员共30余位，均来自县城、乡镇基层政府工作人员以及农调队相关工作人员，“农转非”居民调查主要依托当地派出所户籍管理信息与工作人员，协调进行该部分数据收集。为了保证问卷质量，调查前课题组先行与政府工作人员进行了三轮沟通。在正式调查之前课题组又组织进行了两轮三次培训，第一轮为问卷调查培训，分为第一次调查指导员培训和第二次现场调查员培训。问卷调查培训的重点在于讲解调查目标、问卷结构、问卷中具体问题含义，以及现场调查可能出现的亟须注意的问题，从而保证每位调查员能够熟悉问卷，保证问卷的效度。第二轮为个访培训，各组根据访谈对象的不同对调查指导员分别进行培训，主要针对质性访谈的内容、技巧及注意事项，以及可能出现的特殊状况的处理方案进行说明，从而保证个访的质量。

（3）现场抽样

本次调查抽样采取的是整群抽样的方法，在抽样时确保最终的样本分布与调研区域人口特征分布一致。

（4）跟访

跟访是指在调研过程中，调查指导员与调查员一起去被调查者住处或工作地点进行调查，针对调查过程中调查员处理不当的一些问题及时进行纠正，并针对存在的特殊情况确定处理方案。要求调查指导员对所有的调查员依次进行随机跟访，以确保所有的调查员对问卷有正确的理解。

（5）问卷审核与复访

问卷审核是指调查指导员对于调查员完成的问卷进行审核，发现问卷不合适进行修改并对修改完的问卷进行核查，以确保所有问卷的质量。

在调查过程中，对于每个调查员的问卷，调查指导员要按比例随机选择问卷，并找到被访问对象进行复访，以便检查两次调查的一致性。复访的结果及时通知调查员，以便提高调查质量。

（6）数据录入控制

数据是由调查指导员使用 EpiData 录入到数据库中的，通过 EpiData 的附带程序可以进行初步的质量控制，例如，数值型数据的范围、逻辑部分的跳问等。在数据录入完成之后，每位调查指导员根据等距抽样原则抽取5%的样本进行轮换输入来检测数据录入的准确性和质量。两次数据录入的不一致率低于 5%，属于可接受误差范围内。

（7）逻辑检验

在数据库建立之后，编制计算机程序来检验同一份问卷中的逻辑一致性。对于有逻辑问题的做一记录，寻找原始数据进行核对，对有问题的问卷内容进行更正和修改。

总之，在调查执行和之后的数据录入及数据分析中，我们都采用了积极的手段来保证数据质量。结果显示，这些措施对降低调查数据的误差都是可行有效的。

2. 样本代表性

表 1-3 和表 1-4 分别汇总了此次调查农村居民和“农转非”居民样本的基本特征信息，包括性别、年龄、代次、来源地等几个方面。在对农村居民的调查中，女性居多，平均年龄达到 43 岁以上，且 40~49 岁和 50 岁及以上两个年龄组的较多。1980 年以前出生的占 3/4 左右，同样反映样本农村居民的年龄较高。从来源地看，宁强与城固调查地农村居民占绝大多数，即农村居民调查的对象基本都是当地居民。

表 1-4 汇总了此次调查“农转非”居民样本的基本特征信息，包括性别、年龄、代次、来源地、转户原因等几个方面。在对“农转非”居民的调查中，与对农村居民的调查类似，女性受访者较多，平均年龄在 40 岁左右。1980 年以前出生的约占半数，这反映样本“农转非”居民的年龄普遍较为“年轻”。从街道办实际登记情况来看，调查地“农转非”居民调查的对象基本都是当地居民，较少有外来人口落户该地。

表 1-3 农村居民基本特征

单位：%

项目	汉中	城固	宁强
性别			
男	41.19	37.11	45.47
女	58.81	62.89	54.53
样本量（人）	1447	741	706
年龄			
19 岁及以下	0.76	0.94	0.56
20~29 岁	11.16	10.08	11.53

续表

项目	汉中	城固	宁强
30~39 岁	20.04	18.35	21.80
40~49 岁	34.02	33.20	34.88
50 岁及以上	34.02	36.71	31.22
均值（岁）	43.72	44.19	43.23
样本量（人）	1448	739	709
代次			
第一代（1980 年以前）	74.79	76.05	73.48
第二代（1980 年及以后）	25.21	23.95	26.52
样本量（人）	1448	739	709
来源地			
县内	—	99.86	95.06
市内	97.52	—	—
省内	0.21	0.14	0.28
外省	2.27	0.00	4.65
样本量（人）	1448	739	709

表 1-4 “农转非”居民基本特征

单位：%

项目	宁强	汉源街道办	高寨子街道办
性别			
男	0.44	0.34	0.54
女	0.56	0.66	0.46
样本量（人）	688	348	340
年龄			
19 岁及以下	0.02	0.02	0.01
20~29 岁	0.22	0.28	0.16
30~39 岁	0.25	0.27	0.23
40~49 岁	0.31	0.27	0.34
50 岁及以上	0.20	0.15	0.26
均值（岁）	41.7	38.61	41.28
样本量（人）	695	351	344

续表

项目	宁强	汉源街道办	高寨子街道办
代次			
第一代（1980年以前）	0.51	0.53	0.72
第二代（1980年及以后）	0.49	0.47	0.28
样本量（人）	695	351	344
转户原因			
升学	0.08	0.05	0.14
参军	0.02	0.00	0.04
招工	0.09	0.10	0.08
转干	0.01	0.01	0.01
征地（村改居）	0.04	0.02	0.09
家属随迁	0.26	0.29	0.19
婚姻缔结	0.28	0.31	0.22
需要购房	0.18	0.19	0.17
户口改革	0.01	0.00	0.03
其他	0.03	0.03	0.03
样本量（人）	527	346	181

注：其他包括为参加城镇医保而投靠亲友等特殊原因。

五　研究方法

1. 文献研究法

收集整理国内外在生计与可持续生计领域的研究成果，包括生计的定义和生计资本的标准、农户可持续生计的评价方法、不同特征个体生计的现状和主要影响因素，以及生计恢复力的指标构建、测度标准和结果评价，对农村居民和“农转非”居民的生计现状与可持续发展进行理论探讨和实证检验。通过文献梳理，分析已有研究中的研究空间和不足，从而找到本研究的立足点与创新之处。

2. 实证研究法

本研究数据主要来源于2016年10月本课题组于陕西汉中进行的实地调查。调查内容包含基本情况、生计与就业、城镇化政策、恢复力、婚姻与家庭、养老与保障等方面。本研究将使用 Stata14.0 软件对问卷数据进行分析。一方面，运用描述性统计方法，评估中小城镇农业转移人口的整体生计状况，并在此基础上进行不同视角下的描述统计；另一方面，运用主成分分析等方法，构建不同群体的生计恢复力测度框架，最终确定影响居民生计恢复力与可持续发展的主要因素。

第六节 篇章安排

根据研究内容及研究主题的不同，本书分为三篇，共十章。第一篇以介绍本书研究背景、理论背景、实际调研情况等宏观性脉络为主；第二篇较详细地阐述了就地就近城镇化背景下下农业转移人口生计资本现状，并提出相应的政策建议；第三篇构建了针对本书研究主体的生计恢复力测度指标体系，并对构建过程详细描述。

第一篇包括三个章节的内容，分别为绪论、相关文献综述和调查的总体情况；第二篇包括四个章节的内容，分别描述了家庭生计资本、个人生计资本、生活感受与未来发展意愿，并在此基础上提出主要发现及政策建议；第三篇包括三个章节的内容，介绍并构建了就地就近城镇化背景下下农业转移人口生计恢复力测度指标体系，描述生计恢复力现状，最后以此为依据提出主要发现及政策建议。

第二章

相关文献综述

本章主要是对以往相关研究进行总结，并对已有研究中存在的不足进行分析，以此确定本书的研究方向与研究策略。首先对与本研究相关的理论和研究进行系统的评述，主要包括农户生计理论、可持续生计分析框架理论、生计恢复力理论，并提出新的研究视角，以此构建本书研究的理论框架。其次，对与生计恢复主题相关的研究进行回顾，主要包括生计恢复力指标体系构建、评价，农业转移人口生计恢复与可持续生计的相关研究。最后，提出本文研究策略。

第一节 农户生计

20 世纪 80 年代中期，Chambers 开始开展针对农户生计的学术思考与研究，后来 Chambers 与 Conway 等人对此研究进行了很大的发展。另外，Amartya Sen 等学者在贫困问题的研究中提出了“可行能力”的概念，这不但加深了对于贫困的理解，也丰富了生计研究的内涵，在农户的贫困研究中也存在广泛应用的生计概念。从事农村减贫主题研究的学者认为，“生计”（livelihood）概念的内涵比“就业”和“收入”更加丰富。这个概念不只关注收入或消费，还重点关注为了满足某一生活所需的手段和方式，这样可以将贫困人口的生存状况的复杂性比较完整的呈现出来，以此更好地理解贫困人口为了生存而采取的生存策略。20 世纪 90 年代以后，一些发展机构在研究报告中开始采用生计这一基本逻辑。一是个体及其家庭自身所拥有的生计资本禀赋，二是在家庭生计资本禀赋基础上所采用的用以维持家庭生产和生活的不同生计策略。

事实上，关于生计的思想，在中国传统社会中早已有所呈现，其常常与家庭的生产经营安排、计划以及生活状况相联系，基本上属于经济范畴。对家庭生计的维持让家庭整体及内部个体可以在风险与冲突下可持续地发展下去，是一个农户生存的关键和福利的依存。当然，维持生计对于处于社会不同阶层的个体来说，具有不同的意义。对于贫困个体来说，维持生计意味着保证家庭成员基本的物质所需；对于中等社会经济地位个体来说，维持生计则是保证家庭成员的物质需要和社会文化发展需求得到满足，不至于重复陷入贫困的境地；对于中等以上社会经济地位的个体来说，可能大部分人主观认为不存在维持生计的问题，但是实际上，富裕的个体及家庭同样需要维持生计，只不过与其他类型的个体相比较，其发展目标有所不同，富裕的个体在维持其生计时，主要确保家庭成员能够稳定地过上与其社会经济地位相匹配的生活，不至于过普通的生活，更不至于贫困潦倒。各个阶层个体如果都不能实现其相应的生计目标，则说明其生计发展是不可持续的。在生计研究中，大多数学者关注的是处于弱势地位的底层群体生计维持与发展的问题。

通过以上论述，我们可以清楚地看到“生计”这个概念为我们描述了这样一个图景：在社会的较低层的弱势群体，以家庭为其基本单位，通过运用自身和家庭成员所拥有的或可供拥有的资源与资产，致力于改善家庭贫困落后、捉襟见肘的生活状况，以确保可维持稳定持续的基本生存需求。作为社会发展过程中的弱势群体，农业转移人口生活状况同样可以被“生计”这个词语准确表达：处在城镇化与现代化发展底层的农业转移人口家庭，以户为单位，为改善家庭生存状况而付出各种努力。因此，家庭成员改善家庭生存状况与发展前景的个体行为是被有机地统一在家庭决策中的。强调“家庭”作用的“生计”概念也与中国大部分地区的“家本位”传统有机契合。在生产力水平较低的农村社会，如果单纯依靠个人力量进行生产经营，则很难维持自身需求，因此以一家一户为单位进行生产生活符合生产力发展特点。这样的生产生活方式，一方面，可以丰富家庭生计资源和资产，另一方面也可以降低生活成本。所以，在中国大部分地区，个人深度融于家庭之中，强调集体意志、强调家长权威，家庭成员较少拥有绝对的财务与个体自由。所以，以农业转移人口为例，家庭不但是其基本生产经营单位，而且是一个互相依赖的生存整体，是一个潜在制度，它存在的目的是降低人们在实现某一特定目标时所需要支付的交易成本。正因为"家"在中国传统社会中的巨大作用，研究中国传统社会经济发展与经济伦理问题，离不开家庭这一层面变量的考量。

一 生计资本

农业转移人口生计资本既是个体为获得生计收入而开展的各种生计活动的重要基础，也是家庭抵御维持生计过程中随时可能遭遇的各种生计风险的重要屏障。将"能力"引入"生计"概念，扩大了生计定义的范畴。Amartya Sen 对贫困中"能力"的解释，丰富了生计资本的内涵和功能，把"能力"视为人能够生存和从事某项活动的功能，个体所拥有的或其可使用的生计资本从根本上决定了农户生存和发展的"可行能力"。贫困反映了人类的所有权缺乏，基于权力关系的农户可行能力决定其所拥有的或可以使用的权力，以及在这一基础上进行交换获得的能力，比如对资产的占有与支配能力。进一步来讲，农户所拥有的生计资本的状况决定了其开展生计活动的能力，不同生计资本约束下的农户家庭会相应选择不同的生计策略。

基于可行能力理论，众多学者对农户生计资本进行了更深入的解释。综合有关生计资本理论，个体及其家庭所拥有的可供利用的资源被分为自然资本、物质资本、金融资本、社会资本和人力资本五种类型的生计资本。生计资本不仅是农户用来构建生计策略的资源与禀赋，而且是一种能力与权力表达，是一种对抗生计风险和冲击的可行能力。在实际的科学研究中，这五类资本通常分别可以用若干个小指标进行测度来反映其质量和水平。各种生计资本的可获取性或可及性（Accessibility）及其利用的方式都会受到社会因素（如乡村环境、社会伦理等）、外在冲击、趋势及周期性因素（如季节变化、经济环境变化、自然灾害或政策变动）的制约。农户的资产禀赋状况在内外因素的共同作用下不断发生改变，不同类型的生计资本之间可以发生转换。

在开展以生计资本分析为基础的生计主题研究时，以下几方面问题是需要重点关注的：一是顺序性，这主要是指开始成功构建生计策略的是何种资本，对紧随其后得到的其他资本而言，哪种资本与这种或这些资本更相关；二是替代性，这是指一种资本能否被另一种资本所替代，为了实施某一种生计策略，是否需要结合起来使用这些资本；三是集合性，这是指具备获取某一生计资本的权利的同时能否因前项权利而被赋予获取另一种资本的权利，是否存在一种特殊的资本组合对应于某一特殊的生计策略；四是获得性，这是指哪些因素在影响着不同群体对特殊资本的获取；五是交易性，这是指在进行特殊生计行动的组合过程中，涉及交易的资本有哪些，在这些资本交易基础上而采纳的生计策略可持续性是什么；六是趋势性，这是指资本是怎么被累积和消耗的，以及是通过哪些途径和哪些家庭成员累积和耗尽的，资本有哪些获得性趋势，以及随着时间的推移，农户可以创造哪些新的资本。

二 生计策略

根据 Chamber（1992）的界定，生计策略是农户根据其所拥有的或者可以使用的资源要素来选择开展不同的生计活动，并从中获得生存所需要的收入的行动。因此，农户的生计策略包含两个步骤：一是选择开展可行的生计活动；二是在实施这些生计活动过程中，获得相应的生计收入。此外，该定义还隐含了一个基本前提：家庭的资源和禀赋所形成的生计资本是生计策略选择和实施的基础。通过深入分析所拥有的资本禀赋，农户寻求通过什么途径和方式将这些资本转化成有益的生计成果，这种途径和方式就是农户的生计策略，它通常指的是人们为实现预定的生计目标而对所要开展的活动范围和结合形式进行选择与安排，包括投资策略、生产活动以及再生产选择等。在以往有关生计的研究中，策略与活动两个概念经常交换使用。另外，家庭生计策略具有动态特征，会随着家庭自身生计资本和外部环境条件的改变而发生变化，包括生计资本的配置范围与各类资本的比例构成、生产经营活动的种类选择等。

对于农业转移人口生计策略的变迁，则经历了以农业为主，逐步发展出非农经营和多样化生计策略的历史进程。一般情况下，农户的生计策略大体上可以分为四大类型策略，包括扩张型策略、集约型策略、多样化策略和迁移型策略。Mearns（2004）等认为，生计扩张型是在同等资本、技术和劳动力水平的前提下，通过增加土地耕作面积或者增加牲畜放牧数量来增加产值。集约型是指在畜牧地面积一定的基础上，通过提升资本、技术和劳动力的投入水平，来提升单位面积的产出价值。多样化是指“农户为实现保持并改善家庭生计水平的目标，构建多元化生产经营活动的过程”。作为一种具有增加收入和增强抵御环境风险双重目标的策略性安排，多样化生计在“选择的自由度和生计结果的可逆性方面具有很大的差异性”。迁移型是扩张型、集约型和多样化之外的另外一种生计方式，指的是农户自愿或被迫离开居住地，到新的地方从事雇佣劳动或经济活动，以降低生计风险，改善生计结果。迁移在某种程度上被认为是多样化生计的延伸，因为迁移者汇回的资金成为家庭非农收入来源，同时可以为农业多样化活动提供资金支持。

伴随着城镇化进程，农业劳动力从农业向非农产业就业规模与速度逐渐加快，出现了以市场导向为主的农村劳动力的大规模流动。与此同时，也存在不符合广大老百姓意愿的被动城镇化情形。其中，最典型的情况就是农村地区的大规模整体征地拆迁（李强，2013）。出于各种原因，在人口城市化与农业转移人口市民化过程中会有不同比例的农民生计资本受损，各项保障无法落实，生活无以为继，从而导致抵触心理，甚至发生群体抗争事件。随着经济的持续发展、生活环境的不断改善与社会文化更加开放与包容，必然给生活在社会转型期的人们带来更多的生计选择、挑战和机遇。如何把发展城镇化的负面影响控制到最低限度，促使待发展地区社会经济活动参与者成为可持续发展的受益者，是新型城镇化研究中最具有价值的领域之一。

第二节 可持续生计分析框架相关理论与研究

生计是一个相对宽泛的概念，既可以表征生活状态，也可以理解为谋生方式，还可以是生计策略及结果，此概念已被广泛应用在当今关于贫困和农村发展的论述中。在生计概念被逐步引入农村发展、人口迁移研究后，学术界就开始通过可持续生计的途径来研究生计问题。英国国际发展部（DFID）提出："生计"由一套复杂多样的经济、社会和物质策略通过对个体借以谋生的行为、财产和权利得以实行。人们进行选择，利用机会和资源，同时又不妨碍他人目前或将来的谋生机会，稳定的生计即由此获得。虽然定义的角度和表达方式不同，但是定义中的核心部分都有资产、权利和行动这三大要素。随着经济社会的演进发展，生计中的要素不是一成不变的，它们既会集聚也会损耗，可以相互转换的同时还有在短时间内被完全破坏的可能。同时，国家的制度环境和自然界的外部社会情境以及发展趋势，也会对生计活动和策略的选择产生影响。生计发展与建设的目的是可持续性，DFID 对"可持续生计"概念与解释框架进行了论述，其建立在对"生计"概念的理解基础之上，阐明了在特定正式和非正式制度背景下，个人和家庭如何通过一系列生计资产（自然资本、人力资本、社会资本、金融资本及物质资本）来追求不同的生计策略（扩张型、集约型、多样化和迁移型等），进而影响不同生计结果的产生，实现可持续生计的发展目标。在实际的应用研究中，主要通过建立可持续生计分析框架进行变量的可操作化。它应该包括生计定义中的各基本要素，并且其结构符合生产生活的逻辑顺序，能够清晰地反映出各要素之间的互动关系，力求研究到位。由于研究主体的发展理念和追求目标不同，因此各研究机构提出了多种不同的可持续生计分析框架。主要有 Scoones 提出的可持续生计分析框架，Ellis 提出的生计多样化分析框架，Bebbington 提出的以资产和能力为核心的生计和贫困分析框架，美国 CARE 的生计框架以及 DFID 建立的 SLA 分析框架等。

可持续生计具有丰富的内涵，旨在消除贫困和实现个体可持续发展，逐步被学术界认可并主要应用于农村社会发展领域的研究。国外具有代表性的成果有 *Sustainable Rural Livelihoods: a Framework for Analysis* 和 *Sustainable Livelihoods in Practice: Early Applications of Concepts in Rural Areas*，此后这两篇文章成为理论研究的重要依据。收入不再是衡量贫困的唯一标准，还包括可持续性。研究的目的也不仅仅是寻找使农户脱贫致富的途径，而是探寻一种整体发展战略，用以提高自身的发展能力并逐步消除贫困的制约性因素，以实现可持续生计能力的提升。进入二十一世纪以来，学术界对可持续生计的认识又有了新进展。Hartley Dean（2009）从社会政策选择的角度提出，政策的制定必须考虑当代人和下代人的生计，合理分配代与代之间的需求和期望。Carmen 和 Frederick（2011）从全球合作的角度提出农民经济合作组织对可持续生计的意义。Phansalkar（2005）通过对印度资源利用、非农就业、工资收入和自我创业等方面的研究，提出对可持续生计更加细致的论述。Singh 等综合考虑了生态安全、经济效率和社会公平 3 个方面，开发了可持续生计安全指数，并对印度东部地区开展了实证研究，证明该方法能够有效地平衡经济学者、环境学者和平等主义者的共同关注点，并且能够提供实现可持续发展的参考。

可持续发展途径在促进我国农村发展方面已得到广泛应用，其中大多数研究应用生计分析方法评价当前的发展活动是怎样适应于贫困人口的生计的。应用领域多对研究群体生计现状进行评估，往往从生计资本入手了解现状，在此基础上研究贫困农户、外部脆弱性极强农户的生计策略以及提升空间。2009 年杨云彦等借助于可持续生计研究框架，利用南水北调（中线）工程的实地调查数据，对库区农户生计资本现状进行了实证分析，得出研究发现并给出政策建议；同年，黎洁等根据英国国际发展署（DFID）可持续生计分析框架，以陕西省周至县退耕山区农户为代表，分析了中国西部贫困退耕山区农户的生计状况，提出生计策略建议；谢旭轩等（2010）、李树茁等（2010）也运用可持续生计分析框架分析退耕还林对农户生计的影响。此时应用可持续生计分析框架研究对象还是特殊地区的人群。靳小怡等（2011）提出可持续生计分析框架还可用在农民工生计研究上，拓展了可持续生计分析框架的应用领域。除此之外，可持续生计在贫困学研究中也得到了发展，通过建立可持续生计评价指标体系，对农户的生计资产状况和由此决定的资产配置方式——生计策略及二者之间的关系进行初步的研究探讨，提出农户实现生计多样化方式。学者针对区域情况根据外部环境与生计资本做出生计策略分析，并对未来政策规划和农户改善自身生活方式提出建议。

随着中国工业化、城镇化进程的不断加快，大量剩余农村劳动力进入城市务工、置业，逐步融入城市生活，但仍有大量农业转移人口家庭生计系统遭受了城镇化巨大冲击，从而易于出现生计及贫困问题，这一领域的实证研究受到了学术界的广泛关注，并取得了丰富的研究成果。特别是近年来新型城镇化战略的提出，使广大农村地区的农户对其生计策略具有更多的选择机会，进而对学术研究提出了更细致、更理性的要求。

目前国内学者围绕可持续生计分析框架的五个方面，即脆弱性背景、生计资产、政策机构过程、生计策略和生计输出开展了大量实证研究，其中以生计资产与生计策略研究为盛。生计资产作为可持续生计分析框架的核心内容，通过资产五边形的形式反映农户的资产状况。因为农户资产状况是其抵御生计风险能力和选择生计策略的基础，也是获得生计输出的必要前提和扶贫工作的切入点，因此受到学者们的广泛关注。杨云彦等（2008）借助可持续生计分析框架，利用南水北调工程的实地调查数据，对库区农户生计资产现状进行了实证分析，发现库区农户生计资本整体脆弱，社会融合程度低，应借助移民开发政策与生态补偿机制实现生计资产优化转型。徐鹏等（2008）则利用因子分析法建立了农户生计资产评价模型，对西部 10 个县（区）1000 户农户的生计资产状况进行了实证分析，并提出了促进西部地区农户生计可持续发展的对策。在生计资产的量化研究方面：李小云等（2007）首先将农户生计资产的量化研究引入国内；谢东梅（2009）根据生计资产量化分析结果评价农户生活状态，并为农户保障金额的公平支付提供依据；赵雪雁（2011）通过建立生计资产评估指标，定量评价了甘南高原农户生计资产状况，认为其具有空间异质性，并借助 Logistic 回归模型分析了生计资产对生活满意度的影响。

生计策略是指为了实现生计目标或者追求生计输出，农户对自身生计资产进行组合和使用的方式和路径。生计策略和生计输出是我国可持续生计研究的另一个重点内容，目前文献中常出现的词语包括“生计方式”“生计选择”“生计活动行为”“生计多样化”等，都是生计策略或者其具体实施形式。在生计策略的影响因素方面，蒲春玲等（2011）分析了新疆南部地区棉农生计变化的影响因素，梁义成等（2011）通过多指标的综合计算识别了农户多样化生计策略的影响因素。在生计多样化研究方面，具有代表性的是阎建忠等（2009）对青藏高原东部样带农牧民生计多样化的实证研究，以及王成等（2011）对不同农户后顾生计来源及其居住意愿的分析。还有学者对生计资产和生计策略两者之间的关系进行了研究，包括生计资本与生计策略的量化研究，生计资产对生计策略的影响程度等。汤青等基于陕西和甘肃的农户调研数据，对不同类型农户的可持续生计效益进行了评价，并提出了未来适宜黄土高原的生计策略。

在中国当前快速城镇化背景下，直接针对新型城镇化背景下农民与农民工的可持续生计问题开展的研究相对较少，但集中在生计资本分析、生计策略、生计结果以及三者之间的相互关系方面。可以看出可持续生计的研究正在新的社会转型阶段逐渐受到重视。

第三节　生计恢复力相关研究

恢复力（Resilience）源自拉丁文 resilio（re = 回去，silio = 跳），也有弹性的含义，是指系统受到外界影响离开平衡态之后再恢复到原来状态的能力。恢复力理论来源于工程与生态领域，目前学术界主要存在两种观点：工程恢复力和生态恢复力，生计恢复力理论源于生态恢复力，强调系统的持久性、可变性和不可预测性，指系统在保持自身结构不变的前提下，通过调整系统的行为控制参数及程序后，系统能够吸纳的扰动量（Walker，1969）。近年来，随着研究领域的扩展、深入，恢复力的概念内涵与早期相比也发生了很大变化，不仅包含扰动作用时系统单稳定态情况下恢复到初始稳定态、系统多稳定态情况下恢复到某一稳定态的情况；还包含了不考虑外部扰动作用情况下，观察、测度、寻找系统维持自身复杂性（稳定性）所形成的稳定态的情况，以及系统内针对某一稳定态的扰动使得整体系统稳定态受到影响的情况。同时，恢复力的量化研究领域也扩展到了阈值、稳定态、吸引域、适应性循环、扰沌等诸多方面。

随着恢复力在气候环境变化自适应和发展研究领域的日益深入，其越来越受到学术界的关注和应用，但恢复力自身也面临着挑战，其中一个最大的挑战便是恢复力思维框架基本聚焦在自然生态系统而忽视了对人类社会生态系统的关注。气候环境变化、社会环境演变的干扰是对于全人类而言的，但具体到某一系统，特别是社会生态系统，其来自脆弱性的干扰都是由社会不平等、权力不平等、基础设施的缺乏等现实问题决定的，因此导致生计脆弱群体所反映的自适应的能力也有所不同。但恰恰以个体或群体为中心的生计视角可以解释这些问题。将生计的视角带入恢复力的研究中，能够使恢复力超越其仅仅是对于普通人群日常生活实践缺失的科学和技术话语。因此，在恢复力思维框架需要向社会和政治层面转变的理论发展需求下，生计的恢复力即可以表示人类群体在外部生态环境、经济、社会和政治的干扰下维持和提高生计机会的能力，它受行动者的能动性所支持，通过个人或集体的行动实现自组织的动态过程。一些发展机构已经在使用生计恢复力去指导地方的实践，如 Newtok Traditional Council 在阿拉斯加州运用生计恢复力的思维框架去指导迁移社区的实践。

一 恢复力概念体系

由于恢复力相关概念起源于不同领域并在一定时期内独立发展、逐步成熟，内涵上存在着相互包含、解释的关系。在适应性概念出现前，一直存在着恢复力是否可以体现脆弱性的争执，在适应性概念出现后，对于“恢复力”“脆弱性”“适应性”概念内涵也存在着争论。区分概念有助于明确特定恢复力、普遍恢复力和可转换性测度的内容。

恢复力与系统稳定性是相联系的两个概念。生态学家 Holling 在 1973 年首先在生态学领域引入了恢复力概念。Holling 认为恢复力决定了系统可持续存在的一种联系（性质），可以通过系统吸收、驱动变化持续保持这种联系，强调了稳定性对于判断系统恢复力的重要性，认为稳定性是系统在扰动作用后可以返回平衡态的能力。稳定性与恢复力可以采用对立的指标来测度，低稳定性似乎带来了高的恢复力，生态系统复杂性可以使得恢复力增加。Pimm S. L 在 1984 年通过观察生态系统复杂性与稳定性之间的关系，认为系统的复杂程度与稳定性之间不一定需要有联系，稳定性还需要考虑生态环境物种间的联系和影响，认为恢复力是系统在扰动情况下恢复均衡态的速度，物种越多恢复力越小，不稳定性增强，即恢复力是与系统稳定性共存的概念。而对于不稳定的系统，并不适合恢复力。

另外，恢复力与脆弱性的关系也曾引起学术界的讨论，脆弱性分析思想来源于 20 世纪 60、70 年代对于自然灾害的研究，用于分析为什么同样的灾害对于不同人群带来的损失各不相同。如 Timmerman 在 1981 年借助恢复力概念在灾害研究领域提出了脆弱性的概念，认为脆弱性是系统易受到损害的程度，评价损害程度需要对系统的恢复力进行观察，并且说明了恢复力是系统吸收和从灾害事件中恢复的能力。脆弱性来源于不确定性，脆弱性分析需要先评估风险，再进行脆弱性分析，通过恢复力分析过程得出应对脆弱性分析结果的策略。其提出了应对不确定性有压力、调整和适应影响（包含了适应、调整、恢复）三个方面，指出为了避免脆弱性，取得好的调整和适应效果，需要可靠的具有恢复力的解决策略支持。同时，Gabor 等在 1980 年基于社区暴露于威胁产生的风险进行讨论时发现：脆弱性来源于存在风险的外部环境，人们由于没有准备好而暴露在存在威胁的环境之下；并且以社区脆弱性建立了风险（灾害）、准备两个维度的分析框架，在研究中还分析了不同尺度下脆弱性的影响因素。

在早期的恢复力与脆弱性文献中，适应性并没有作为与恢复力、脆弱性对等的概念出现。但 Adger 认为适应能力可以描述为系统修正或改变自身的特征或行为以更好地应对现存或者预期的外部压力的过程；Holling、Folke 等认为学习能力可以用来测度适应能力的大小；O' Connell 等研究者认为适应（适应能力）是系统响应变化完成既定目标的能力，包含了面对扰动和威胁同时降低脆弱性的能力。因此适应性的产生应当作为恢复力测度指标之一，同时适应性概念使得描述系统属性不必再借助于稳定性、不确定性，也为恢复力研究提供了更为直接的测度内容。

对于外部扰动的反应和行动，恢复力和脆弱性为理解系统变化提供了存在联系又有所差别的两种方式。脆弱性研究中，适应性是反应能力的表现，表示了系统更好地处理暴露的问题和具备风险敏感性，适应性和适应能力可以认为是同义的，适应性与暴露、风险是脆弱性的函数。在恢复力研究中，适应能力是与恢复力、转换并列的概念，适应能力是系统管理恢复力的能力，所以适应性概念是与系统的适应性评价联系在一起的。Gallopín 对恢复力、脆弱性、适应性等概念从集合论角度进行了一个总结（见图 2-1），其认为脆弱性和恢复力是两个完全不同的概念，尽管一个具备恢复力的系统较一个不具备恢复力的系统来说有更少的脆弱性，但两者的关系不存在对称性。

综上，恢复力概念可以作为脆弱性、适应性的子集整合恢复力、脆弱性、适应性研究。同时，近年来恢复力概念体系开始向整合恢复力、脆弱性、适应性的方向发展。O' Connell、Chinwe 等研究者 2015 年提出了“缓

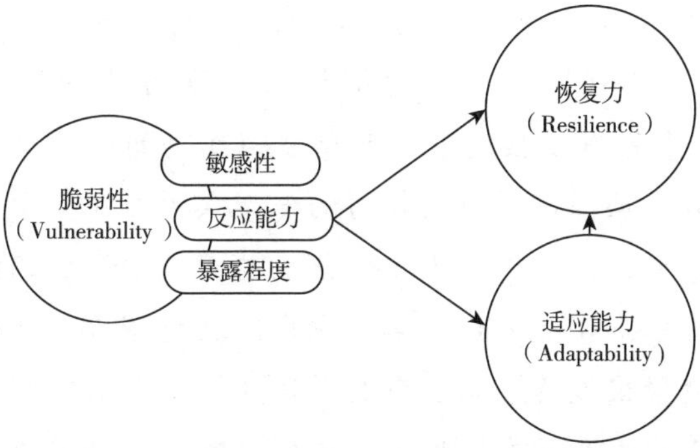

图 2-1 关于恢复力、脆弱性、适应性等概念的集合角度解释

冲能力-自组织-学习能力”概念体系，借助吸引域、适应性循环和扰沌等概念将系统在稳定态下的静态恢复力与扰动、震荡情况下的动态恢复力联系了起来。Folke、Walker 等研究者将恢复力划分为普遍恢复力、特定恢复力，应对可识别扰动的恢复力称为特定恢复力，应对各类震荡、扰动的恢复力称为普遍恢复力，这样恢复力概念更加细化了导致脆弱性的不同外部环境，同时描述了系统的稳定性与不确定性性质，可以对系统适应性、脆弱性进行恢复力测度，通过观察共同因素的作用，也可以对可转换性进行测度。

至此，脆弱性、稳定性、适应性、转换等概念起到了整合恢复力概念体系的作用。“自组织-适应-转换”概念体系从稳定性、不确定性两个维度对系统在受到扰动后的行为和结果进行了描述，并且将恢复力测度区分为特定恢复力、普遍恢复力，通过适应性管理过程和共同因素，观察分析特定恢复力与普遍恢复力的转换。因此，恢复力测度内容应当包含“自组织-适应-转换”三个维度，针对特定恢复力、普遍恢复力应该构建相应的指标体系，同时应当重点分析系统内部资源的可转换性三项主要内容。

二 恢复力测度体系

目前已有的国内外恢复力实证研究中，恢复力的测度方法主要分为三类：案例分析法、评价分析法和测量分析法（见表 2-1）。国际上对恢复力的研究在灾害领域（地震等天灾人害）、社会—生态领域（全球变暖、地区环境等）、经济和组织行为领域（企业运转等）都有涉及，国内恢复力研究大致有恢复力概念剖析与测度方式探究。如杨小慧等（2010）选取甘肃省榆中县的三个典型乡镇作为研究对象，采用 Keil 的干旱恢复力函数，从构建干旱恢复力的框架入手，对干旱半干旱区域进行恢复力定量研究，进一步对干旱恢复力指数（DRI）的结果与所选取的各变量进行皮尔森相关分析，得出农户的文化程度、劳动力数和有效灌溉面积三个变量最能够影响农户的干旱恢复力。陈佳等（2016）利用抽样调查的 321 户家庭问卷数据，基于生计恢复力理论框架，构建了农户贫困恢复力指标体系。

表 2-1 已有研究中生计恢复力测度方法

测度方法	应用领域	文献来源
案例分析法	SES 系统中人类干预手段对于系统恢复力的影响	Walker 等对于珊瑚礁、湿地的研究
评价分析法	它是结合场景构建多指标评价体系，依据评价指标变化来分析系统恢复力变化，对可持续性做出判断，这种方法与具体场景有着密切联系，可以发现影响场景恢复力的相关因素，在不同场景下，通过直接比较数值对恢复力进行判断比较困难	杨兴洪等针对旱灾的研究（涉及扰动类型）；王群等针对千岛湖系统（自身恢复力）属性的研究；陈佳等从收入角度对贫困恢复力的研究；赵庆建等在灾害扰动下对山地农业生态经济脆弱性的研究；马晓倩在干旱扰动下对生计活动脆弱性的研究
测量分析法	它是结合研究对象，寻找反映系统适应性（稳定性）与脆弱性（不确定性）的共同因素，构建基于共同因素的评价体系对系统弹性进行测量，并对相关因素进行分析的方法，在不同场景情况下，可以对相同的研究对象进行弹性上的比较	金鸿章等按照一般系统理论对熵（多样性指数）与系统崩溃之间的关系进行了深入研究，认为熵可以用于描述系统的不确定性

第四节　小结

本文将恢复力定义为系统承受干扰并保持其基本结构和功能的能力，这包含了普遍恢复力和特定恢复力。将生计的视角带入恢复力的研究，能够使恢复力超越其仅仅是对于普通人群日常生活实践缺失的科学和技术话语。生计恢复力可以指代生计活动与生计资本组合可承受干扰并保持其基本结构与功能的能力。以生计资本作为观察变量，生计活动作为共同因素，恢复力可以对生计适应性和生计脆弱性同时发生作用。由普遍恢复力、特定恢复力概念可知，普遍恢复力测度农业转移人口对城镇化冲击的适应性，即在扰动情况下收入的稳定性，可以通过生计系统内部构成进行测量；特定恢复力可以测度农户的生计脆弱性表现，即在特定扰动（例如转换户籍）情况下生计活动构成的不确定性。以生计资本作为共同观察因素时，农户生计系统构成与生计恢复力水平之间存在着可转换性。

以往国内外相关研究多是从可持续生计分析框架出发，考虑研究对象五大生计资本存量或是区域发展环境等，缺乏合理的概念理解和统一、科学的理论分析框架来指导可持续发展问题研究。恢复力概念将单一的生计研究和弹性思维联系在一起，可以更加深入地理解研究对象生计存量和潜在增长动态趋势。同时，目前以实证研究居多，但缺乏系统的理论研究。国内学者借用国外发展机构和非政府组织的生计分析框架与生计途径研究成果，定量分析我国区域农户发展状况。国外的研究框架有一定的借鉴作用，但我们应积极探索适合我国国情的生计研究框架和途径，给出与我国农村、城镇化、人口流动等发展现实相适应的理论解释。同时，已有研究以生计、可持续生计为主，对于生计恢复力的研究仍处于初期阶段，并未对其进行深入的理论与实证探讨。而现阶段我国农村社会保障供给不足、中小城镇化建设造成数以万计的农业转移人口流动，同时转换户籍后的“农转非”居民是否在脱离土地后成功转型进入市民角色，对诸多现实问题的思考迫使研究者需要进行理论创新。通过整合被研究群体生计资本、社会结构、外部风险环境等因素提供生计恢复力指标科学组织方法，也为区域决策者提供了一种识别影响恢复力因素的方法，对检测城镇化进程中不同群体生计恢复力动因，制定针对性的生计恢复力政策具有实际效用。

总之，基于以上研究及文献综述可知，基于可持续生计的学术思想研究城镇化进程中农村居民或“农转非”群体的生计可持续性及其市民化问题，是值得学术界关注的重要课题，具有显著的理论和现实意义。当前国内生计恢复力研究主要集中在对于贫困农户和受灾群体的分析，本书研究是国内首次将恢复力理论引入弱势群体的生计研究，以农业转移人口生计恢复力为研究内容，期望能够发展城镇化背景下农业转移人口生计策略研究的新范式。“生计资本-生计策略-生计后果”的研究链条清晰，两两之间的关系已得到论证，但理论体系仍不够成熟，有待完善，同时目前的主流方法多数是对某一个时间节点或者某一段时间内的可持续生计进行研究，缺乏对长时间序列脆弱性背景、生计资产、生计策略之间相互作用机理进行深入分析和动态预测。相关研究技术与方法探讨不足，影响研究结果。农业转移人口生计恢复力测度指标构建仍在初步研究阶段，家庭人口结构、社区特征对生计恢复力现状有待挖掘。生计恢复力对不同策略关键影响因素仍需要应用系统研究框架得出更为科学的结论。同时，目前研究较少关注不同生计策略对个体生计恢复效果的影响，而就地就近城镇化背景下农业转移人口面对外部环境的变化，他们“离土不离乡”进行生产方式的转化，生计恢复力是系统的一个功能却不是无限的，在外部脆弱性的冲击下是否能够在阈值内进行资源的再组合形成正向适应循环的过程，决定着这个群体接下来的生活状况。在自身生计恢复力的保证下，产生相应的生计策略与生计后果（如定居意愿、个人收入增加等），本书旨在研究在就地就近城镇化背景下，在可持续生计理论与生计恢复力相关理论指导下，梳理农业转移人口的生计恢复力现状，以及对农业转移人口生计策略进行描述分析，对农业转移人口生计可持续性进行评价，最后，针对就地就近城镇化背景下农业转移人口生计存在问题提出相应的对策。

第三章
调查的总体情况

就地就近城镇化是现阶段建立在中国农村社会现实基础上的国家现代化进程中的战略选择。农业转移人口的生计现状及相关的住房、收入、教育、养老等一系列问题，不仅体现出他们的生活状态，而且在一定程度上直接反映了城镇化水平及质量。本书通过对农村居民与“农转非”两大群体的调查获取农业转移人口的生计基本信息，并在此基础上得到相应的结论以及政策建议。

本章总结了本次调查的总体情况以及农业转移人口生存、发展的现状，以便读者能迅速了解本次调查的全貌。第一节在介绍农业转移人口生计资本的基础上，分别对农村居民和“农转非”居民生计资本作简要总结；第二节则在介绍农业转移人口人力资本和社会资本现状的基础上，从人力资本、婚姻、就业、户籍、土地、公共服务与子女教育等方面揭示农民工的生存与发展状况；第三节是对应的政策建议。

第一节 生计资本现状

一 总体生计资本情况

生计资本是生计策略的基础，工作和就业是改变生计资本、影响生计策略与生活质量的重要变量。本章主要以农村居民和“农转非”居民的生计与就业这一核心民生问题为切入点，通过系统研究和全面分析，细致深入地了解城乡一体化和就地就近城镇化进程中，农村居民和“农转非”居民的切实资本现状。下文将从家庭生计资本、个体生计资本、工作状况三方面着手（其中分别涉及五类生计资本），同时结合性别、代次、区域视角，试图在对调查数据分析的基础上发现事物之间深层的联系并解释其原因，为政策建议提供理论依据。

总的来说，农业转移人口的两类群体的生计资本总体普遍较弱。五大资本中，家庭整体金融资本状况较好，但仍存在一定风险，物质资本基本相近，人力资本较差亟须增长，社会资本中职业声望水平差异较大。此外，由于农业转移人口拥有的土地不断减少，自然资本最基本的保障功能减弱。

二 农村居民生计资本现状

本书中详细度量了农村居民的五大生计资本，以达到全面理解农村居民生计资本现状的目的。自然资本用对土地收益的测量进行描述，社会资本由邻里信任、社会网络支持测量构成，金融资本由金融资本结构、收入与支出方式测量构成，人力资本由教育程度、职业与技能培训参与情况组成，物质资本由住房状况以及其他固定资产共同构成。

本书中通过调查数据发现，农村居民金融资本存在代次差异，农村经济发展从代次上看呈现良好发展趋势，家庭金融情况与社会经济发展同步向好。在物质资本方面，第二代农村居民的住宅设施水平显著高于第一代农村居民，第一代农村居民住宅面积显著大于第二代农村居民。人力资本方面，接受技能培训的农村居民整体比例较高，外出打工对其个人人力资本的增加有促进作用。自然资本方面，农村居民的土地拥有量在逐渐缩小。社会资本方面，农村居民的社会地缘性较强，亲友在社会网络中发挥较大作用。

三 “农转非”居民生计资本现状

在本书中，对“农转非”居民与农村居民使用基本统一的指标描述生计资本，但户籍不同而导致了自然资本存在的状态（如“农转非”居民无土地收益权）有差异，所以自然资本在两群体之间不具有对比意义。

“农转非”居民已然经过了距离与户籍的双重迁移，由于转换户籍后没有自然资本支撑，所以在自然资本中描述了转换户籍前的土地收益，而土地收益较低，这可能是促使他们做出转换户籍决定的重要原因之一。总体来看，“农转非”居民的住房面积较大，月工资较高。人力资本方面，“农转非”居民的身体健康状况较好，但教育程度较低，大多仅为初中学历。对“农转非”居民而言，随着城镇规模及人们社交规模的日益扩大，在人与人之间的联系中，家族的影响力渐渐减弱，家族效能感也逐渐削弱，与邻居关系亲密度却有所加强，邻里关系有效改善，从而也反映了其社会网络的逐步扩大和多元性的增加。

第二节　生存、发展的现状

（1）就地就近城镇化人力资本支撑有待加强，农业转移人口流失严重，就地就近务工多为女性和大龄男性。

调查显示，随着经济社会发展及城镇化进程的推进，汉中市的人口流动表现出比较显著的“梯级”特征：较年轻且人力资本好的农村居民更倾向选择东部经济发达地区或其他大中型城市务工，年纪较大且人力资本较好的农村居民更可能就地就近务工，而年龄较大且人力资本较差的农村居民留在农村的可能性更高。这样的人力资本结构对有效推进就地就近城镇化发展存在不利影响。一方面，年轻农村居民更具创造力和活力，在创造社会财富的同时有更多消费需求，可以更好地推动县域经济发展；另一方面，对于缺乏人力资本优势的农村居民来说，大量大龄或高龄农村居民，会无形中增加其就地就近城镇化的成本，不利于就地就近城镇化的可持续发展。

（2）农业转移人口中农民工群体和“农转非”居民的大量外流改变了传统的农村家庭结构，不利于形成和谐的代际与婚姻关系，削弱了家庭对儿童与老人的照料作用。

调查显示，在家庭经济压力逐步上升的情况下，外出务工成为农业转移人口的普遍选择，然而夫妻双方往往难以一起外出务工，长期分离将不利于婚姻关系的和睦。劳动力外出后，也改变了子女与老年父母同住的传统居住安排模式，给传统家庭养老带来挑战；此外，农村儿童也缺乏父母的照料，面临生活与学习的困境。

（3）不同类型农业转移人口的就业状况和就业倾向差异较大，农业转移人口的就业选择类型较为单一、阶层较低。

从调查中可以得出，农业转移人口的非农或兼业就业选择空间较小，而且其就业渠道较窄，老乡以及亲友是其就业信息的主要来源，加之受教育水平的限制，导致他们就业选择方向较为单一且工作类型多为体力劳动。但其就业现状同时存在着较大的内部差异，进而影响其工作满意度，对最终的就业产业倾向产生极大影响。

（4）农村居民对城镇生活的向往程度总体较高，而户籍、土地、公共服务是城镇化工作的核心要务。

调查显示，20.89%的农村户籍人口明确表示愿意获得城镇户籍，而定居意愿和落户意愿之间的差距，主要来自农村居民对户籍改变后土地“三权”丧失的担忧。由此表明，大多数农村户籍人口具有市民化的意愿，上学、工作等优质公共服务和机遇条件，仍然是农村人口进城最重要的现实驱动，在有相当比例的人群具有较好户籍转化动力条件下，土地、户籍的联动与接下来的消除壁垒是关键。

（5）“有工作，有学上”是城市吸引农业转移人口进城的主要拉力，“没活干”是汉中市农业转移人口离开农村的主要推力。

就汉中市整体而言，在对城市生活主要优势的选择上，选择“就业好，收入高”和“教育水平高”的农村居民的比例最高，分别占30.72%和25.1%。农村的就业选择多样性、稳定性以及教育水平与城市存在明显差距，这构成了农村居民愿意流入城市的主要因素。在农村生活最大劣势的选择上，选择“就业选择小”的比例最高，农村居民占比33.75%，在农村“没活干”是他们离开农村老家前往城市务工的主要动因。城固县和宁强县农村居民在对城市农村生活的优劣势选择上具有显著差异，城固县农村居民认为保留土地为农村生活最大优势的比例（18.88%，22.54%）显著高于宁强县农村居民（12.57%，18.28%），这与两地城镇化进程差异而导致的不同的土地保留观念有关。此外，与第一代农村居民对土地极大的依赖性并且以此作为农村生活最大优势不同，第二代农村居民认为生态环境是农村生活最大优势，这与其追求更高品质的公共服务与公共卫生密切相关。

第三节　小结

1. 发展经济，加快县域产业发展

产业发展是城镇化战略推进的核心支撑，也是解决农业转移人口生计可持续问题的抓手。一方面，各县应该发挥本地的优势资源，优先发展具有一定市场潜力、能够发挥本地有利条件的产业，把潜在的资源优势逐步转化为现实经济优势，同步加速县域工业化特别是农业现代化进程，强化中心城镇产业与人口集聚效应的作用；另一方面，依托国家“一带一路”建设，根据县域资源禀赋，掌握东部地区产业结构升级的挤出效应现状，积极承接产业转移工作，吸纳东部返乡和就近转移的农业人口，加快产业集群发展和人口集聚发展。

2. 转变观念，推动小城镇建设

多数农村居民并不愿意改变户籍进入城市生活，以“人”为本的新型城镇化就是要充分考虑“人”的生产和生活需求，而不是简单地进行户籍转换。政府应该跳出传统城乡分割的“二元社会”思维，更全面地来认识农村和城市的关系，不能把城乡对立起来，也不能以农业转移人口进入城市作为唯一的政策推动取向。政府应该由单纯根据城市化率进行城镇化考核的观念，转变为侧重生产方式和生活方式的系统考察。将城镇化与新农村建设有机结合，进一步加大特色小城镇建设力度，培育有条件的农业转移人口向小城镇聚集发展，为农业转移人口就地就近市民化提供新途径。

3. 抓住关键，推进公共服务均等化

与城市户籍人口相比，农业转移人口在子女上学、自身就业、家庭养老、社会融合，权利享有等方面还存在差距和问题。如果不能解决农业转移人口的生存和发展问题，不仅会直接影响农业转移人口及其家庭的基本生活需求，也会对城市人口与社会的可持续发展带来冲击，阻碍陕西省的城镇化进程。虽然各级政府在公共服务均等化方面做出了一系列努力，但是农业转移人口内部的年龄、性别等要素构成复杂，使得农业转移人口在城市的生存与发展的研究显得尤为必要。农业转移人口在市民化进程中面临着多种生计选择，可以受雇就业或者创业，政府应该依据自然和政策环境，提高其生计资产组合能力和应用能力，通过外部社会环境的合理引导，将农业转移人口家庭有限的生计资本发挥最大的效用。首先，解决农业转移人口在城市“有活干”的问题，以维系农业转移人口家庭在城市的基本生计需要；其次，关注随迁子女的家庭和学校教育问题、健康社会化与社会融合困境，解决“有学上”的需求；最后，关注随迁父母的家庭养老和社会养老支持现状，考察农业转移人口及随迁父母的养老保险参保情况及其养老意愿，解决“有保障”的问题。

4. 城乡联动，以土地为核心解决后顾之忧

新型城镇化要实现农村和城市的协调发展，农业转移人口就地就近市民化是主要推动力。农业转移人口就地就近市民化的“拉力”是城市优质的公共服务和生产生活环境，而“推力”则是农业生产效率的相对低下和较低的投入产出比。但是，受传统文化、现实生计和利益等因素影响，70%以上的农村户籍人口不愿意放弃农村“三权”，特别是放弃土地承包经营权。因此，政府应该加强农村和城市资源配置的顶层设计，以解决土地问题为突破口，积极推动土地流转以及有偿退出机制，特别是把承包地和宅基地退出与社会保障享有有机结合，解除农业转移人口的后顾之忧，最大化地发挥推力和拉力的协调作用，促进农业转移人口就地就近市民化。

第二篇

生计资本现状

第四章 家庭生计资本

生计资本是生计策略的基础，工作和就业是改变生计资本、影响生计策略与生活质量的重要变量。本章主要从农业转移人口的家庭生计资本入手，通过系统研究和全面分析，有助于更加细致深入地了解城乡一体化和就地就近城镇化进程中，农业转移人口的发展现状。下文将从自然资本、社会资本、金融资本三方面着手，同时结合性别、代次、流动经历视角，试图在对调查数据分析的基础上发现事物之间深层的联系并解释其原因，为政策建议的提出给出借鉴。

第一节 自然资本

自然资本（Natural Capital）指农民工拥有或潜在拥有的自然资源储备，泛指自然界为农民工生存和生计提供的各种资源，一般包括土地和产出、水和水产资源、数目和林产品等。由于自然资本对农业转移人口的实用性在于其经济意义，本书将使用土地收益衡量自然资本。自然资本作为农村人口的基本收入，其对农村户籍居民的生活起到基本保障作用，对“农转非”居民转换户籍的决定也起到一定的影响作用。

一 农村居民自然资本

由图 4-1 可以看出，城固县有两成农村居民在土地上没有收益，另外有两成的农村居民每年土地收益低于 1000 元，而大多数农村居民土地收益在 1000 元到 10000 元之间，占比达四成。与此同时，土地年收益在 10000

元以上的农村居民仅占一成。由此看出，城固县农村居民虽然大部分仍拥有土地收益，但收益不高，可能不再单一依靠土地生存。

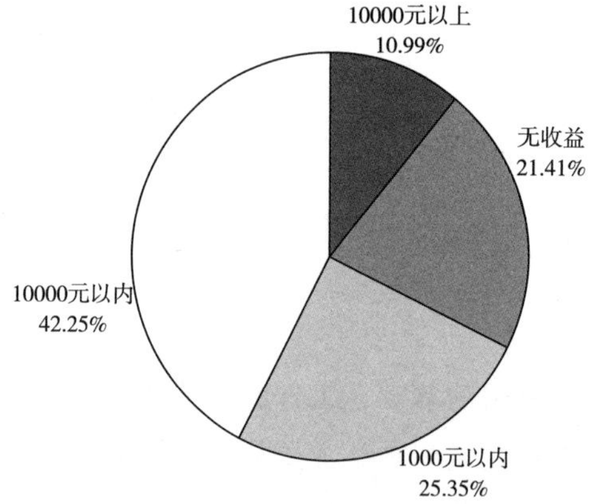

图 4-1　城固县农村居民土地收益情况

图 4-2 列出了宁强县农村居民土地收益情况，四成的农村居民在土地上没有收益，超过三成的农村居民每年有低于 1000 元的收益，而超过两成的农村居民土地收益在 1000 元到 10000 元之间，同时宁强县获得较高土地收益的人较城固县更少，收益在 10000 元以上的农村居民极少。

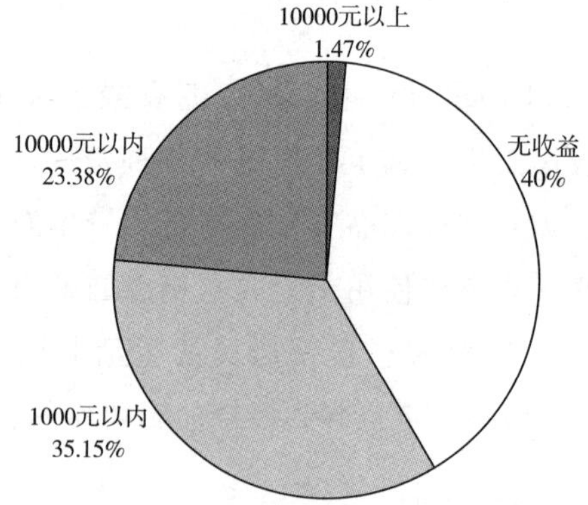

图 4-2　宁强县农村居民土地收益情况

对比两地发现，城固县农村居民的土地收益普遍较高，而宁强县有相当一部分农村居民没有土地收益。对于“靠地吃饭”的农村居民来说，仍需进一步提出相应的帮扶政策，鼓励进城务工弥补因土地收益较低而产生的陷入贫困的风险。

二　“农转非”居民原有自然资本

由图 4-3 可以看出，“农转非”户籍转变前，约四成的农村居民每年土地收益介于 1000 元至 10000 元之间，约三成的农村居民土地年收益在 1000 元以内，一成以上的“农转非”居民无土地收益，另有一成“农转非”居民的土地年收益多于一万元。无法获取充足的土地收益以维持生计，可能是“农转非”居民进入城市务工的主要原因；而城市务工经历在一定程度上可能促使其产生转换户籍的意愿，并对其形成一种城镇化拉力。

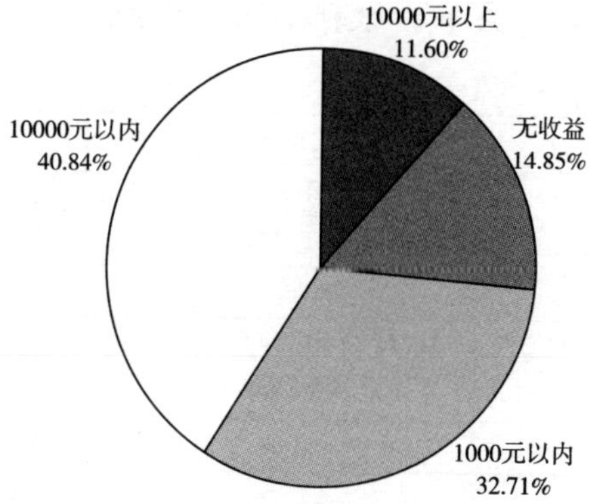

图 4-3　“农转非”农村居民土地收益情况

第二节　社会资本

社会资本（Social Capital）是指因个体的亲缘以及其社会性而产生的与其他个体或团体之间的关联、互惠性的规范和由此而产生的信任和帮助，是由个体在社会结构中所处的位置给其带来的资源，在本书中即为农业转移人口为了实现生计目标而拥有的社会资源。

一 邻里信任

根据人际关系渐进式的发展规律，已有研究中将邻里信任分为邻里认知、邻里互动和邻里认同三个层次。

1. 农村居民

如表 4-1 所示，在邻里认知中，共有超过九成的农村居民选择知道邻居的姓名，在代次方面表现出了显著的差异，第一代农村居民认识并熟知邻里之间的姓名概率更高；逾八成的被调查农村居民对邻里的工作内容较为了解，且第一代农村居民更为了解邻里工作内容；被调查农村居民共有近九成选择知道邻居家里有几个常住人口。总的来说，农村居民对邻里的基本认知程度较高，相互十分了解。

表 4-1 农村居民的邻里信任

单位：%

项目	总体	代次视角			流动经历		
		第一代	第二代	LR/T	曾外出	未曾外出	LR/T
邻里认知							
知道邻里姓名							
是	93.39	94.04	91.48	+	94.13	92.48	NS
否	6.61	5.96	8.52		6	7.52	
样本量（人）	1438	1074	364		800	638	
知道工作							
是	83.1	84.36	79.4	*	83.75	82.29	NS
否	16.9	15.64	20.6		16.25	17.71	
样本量（人）	1438	1074	364		800	638	
知道常住人口							
是	88.1	88.16	87.91	NS	88.11	88.09	NS
否	11.9	11.84	12.09		11.89	11.91	
样本量（人）	1437	1073	364		799	638	
邻里互动							
打招呼							
是	94.92	95.16	94.23	NS	95.75	93.89	NS
否	5.08	4.84	5.77		4.25	6.11	
样本量（人）	1438	1074	364		800	638	

续表

项目	总体	代次视角			流动经历		
		第一代	第二代	LR/T	曾外出	未曾外出	LR/T
聊家常							
是	84.35	84.26	84.62	NS	85	83.54	NS
否	15.65	15.74	15.38		15	16.46	
样本量（人）	1438	1074	364		800	638	
互赠礼物							
是	52.23	54.1	46.7	*	54.25	49.69	+
否	48	45.9	53.3		45.75	50.31	
样本量（人）	1438	1074	364		800	638	
吃过邻居家饭							
是	61.13	61.17	60.99	NS	62.13	59.87	NS
否	38.87	38.83	39.01		37.88	40.13	
样本量（人）	1438	1074	364		800	638	
邻里认同							
借大额钱财							
是	22.53	25.23	14.56	***	24.63	19.91	*
否	77.47	74.77	85.44		75.38	80.09	
样本量（人）	1438	1074	364		800	638	
倾诉烦恼							
是	52.02	52.14	52	NS	53.13	50.63	NS
否	47.98	48	48.35		46.88	49.37	
样本量（人）	1438	1074	364		800	638	
请对方看家							
是	43.12	44.6	38.74	+	41.5	45.14	NS
否	56.88	55.4	61.26		58.5	54.86	
样本量（人）	1438	1074	364		800	638	

在邻里互动中，被调查农村居民有九成以上选择见面会与邻居打招呼；有超过八成的样本选择日常生活中会与邻居聊聊家常；有半数左右的样本选择有过与邻里之间互赠礼物，并且表现出显著的流动经历差异，未

曾流动的农村居民选择与邻居互赠过礼物的比例不到五成，略低于曾经外出务工的农村居民；被调查农村居民共有超过六成的样本选择曾在邻居家吃过饭。

在邻里认同中，通过询问“是否曾与邻里之间借过大额的钱财”测量，被调查农村居民只有两成与邻里之间借过大额的钱财；超过五成被调查农村居民曾与邻里之间互相倾诉烦恼；四成以上的样本选择曾经有请邻居帮忙看家。

如表 4-2 所示，在性别视角下，除了在知道常住人口、互赠礼物和借大额钱财这几个指标中未表现出显著的差异外，其他邻里信任度的各个维度中，性别方面都显示出一定的统计学意义上的差异。总的来说，女性在打招呼、聊家常、倾诉烦恼这三个指标上占比较高，女性表现出更高水平的邻里信任水平。

表 4-2　农村居民的邻里信任性别视角比较

单位：%

项目	总体	性别视角		
		男性	女性	LR/T
邻里认知				
知道邻居姓名				
是	93.37	95.27	92.03	*
否	6.63	4.73	7.97	
样本量（人）	1433	592	841	
知道邻居工作				
是	83.04	85.3	81.45	+
否	16.96	14.7	18.55	
样本量（人）	1433	592	841	
知道常住人口				
是	88.06	88.83	87.51	NS
否	11.94	11.17	12.49	
样本量（人）	1432	591	841	

续表

项目	总体	性别视角		
		男性	女性	LR/T
邻里互动				
打招呼				
是	94.91	93.92	95.6	NS
否	5.09	6.08	4.4	
样本量（人）	1433	592	841	
聊家常				
是	84.3	81.59	86.21	*
否	15.7	18.41	13.79	
样本量（人）	1433	592	841	
互赠礼物				
是	52.13	52.7	51.72	NS
否	47.87	47.3	48.28	
样本量（人）	1433	592	841	
吃过邻居家饭				
是	60.99	66.39	57.19	**
否	39.01	33.61	42.81	
样本量（人）	1433	592	841	
邻里认同				
借大额钱财				
是	22.54	24.49	21.17	NS
否	77.46	75.51	78.83	
样本量（人）	1433	592	841	
倾诉烦恼				
是	51.92	48.14	54.58	*
否	48.08	51.86	45.42	
样本量（人）	1433	592	841	
请对方看家				
是	42.92	45.78	40.9	+
否	57.08	54.22	59.1	
样本量（人）	1433	592	841	

总之，社区邻里关系是所有社区成员共有的和最基本的社区社会关系，这种邻里之间因物理或空间上的接近而形成的群体关系纽带曾是长期以来社区讨论的唯一基础。邻里关系被看作社区恢复力的重要标志，因为良好的邻里关系意味着社区居民之间呈现更加熟悉、信任、互助和团结的关系，本文中的数据也很好地体现了这一特征。

从以上关于农村居民邻里关系的分析可以看出，基于邻里认知、邻里互动和邻里认同的三级邻里关系表现出了以下特征：

首先，无论是城固县还是宁强县调研地，农村居民的邻里关系都处于十分良好的态势，基本可以达到“远亲不如近邻”的状态，邻里交往空间紧密有序且合理。随着时代的发展，现代居住区的开发模式往往导致城市居民产生邻里交往危机。但中小城镇农村的城镇化变迁对于舍弃基层共同体的冲击不强，小城镇村庄的文化氛围和经济互动在一定程度上维护了个人对于农村社区、邻里的心理归属和利益关联。虽然现代都市的邻里关系已不如传统社会那般浓重，但“社区销蚀”观点认为的现象在小城镇的农村发生的可能性并不强烈。

其次，邻里关系在不同的代次之间表现出了差异，第一代农村居民比第二代农村居民邻里交往更加频繁、邻里信任度更高。由于生活场域变数较小，农村生活习性得以保留，并且大多以农业劳动作为生产方式，第一代农村居民基于邻里之间的信任关系有更多的交往。第二代农村居民虽然一定程度上受到邻里交往危机的冲击，但总体上仍与基层共同体保持着良好的互动，这是和谐社区建设与社区参与的基础，通过适当的引导和鼓励，可以相信第二代农村居民有更高的社区参与意愿和行为，并成为逐步实现生产方式和生活方式城镇化的参与者。

最后，中国的社会团结是以家庭为本位所体现，靠“差序格局”所形成的社会关系维系，在这种情况下，形成了有差异的社会支持关系，即差序格局的信任关系，将邻居纳入自身的认知圈、互动圈和信任圈，将有效地使邻里关系得到改善，从而也反映出个体社会网络的逐步扩大和更加多元性。从而得出，扩大邻里交往范围和深度，能够增加居民的网络多元性，进而提高居民的一般网络密度，这是有效改善邻里关系的手段。

2.“农转非”居民

在邻里认知方面，第一代“农转非”居民知道邻居姓名和邻居家常住人口的比例显著高于第二代“农转非”居民，这说明在“农转非”居民中，老一辈居民更加愿意与邻居交流，就青年一代来说，社区中人与人之间交流减弱。在邻里互动方面，第一代“农转非”居民有近八成的人会和邻居拉家常，第二代“农转非”居民中选择和邻居拉家常的仅为一半左右，第二代“农转非”更注重隐私，社区生活也较为封闭。从性别视角上看，女性比男性更多地了解邻居家常住人口的人数，而男性则更加倾向于给邻居打招呼，“农转非”居民中的男性比女性有更强的社交意愿。

表 4-3 “农转非”居民的邻里信任

单位：%

项目	总体	代次视角			性别		
		第一代	第二代	LR/T	男性	女性	LR/T
邻里认知							
知道邻里姓名							
是	88.96	90.82	86.06	+	91.13	87.22	NS
否	11.04	9.18	13.94		8.87	12.78	
样本量（人）	643	392	251		300	343	
知道工作							
是	18.00	84.54	78.23	NS	84.84	81.28	NS
否	82.00	15.46	21.77		15.16	18.72	
样本量（人）	636	388	248		800	638	
知道常住人口							
是	79.62	86.40	74.42	*	81.95	86.94	+
否	20.38	13.60	25.58		18.05	13.06	
样本量（人）	638	388	250		277	360	
邻里互动							
打招呼							
是	90.36	95.38	95.26	NS	96.45	94.75	*
否	9.64	4.62	4.74		3.55	5.25	
样本量（人）	643	390	253		282	360	

续表

项目	总体	代次视角			性别		
		第一代	第二代	LR/T	男性	女性	LR/T
聊家常							
是	65.37	76.16	56.12	**	70.59	61.99	+
否	34.63	23.84	43.88		29.41	38.01	
样本量（人）	615	378	237		272	342	
互赠礼物							
是	45.62	54.47	54.25	NS	53.17	56.03	NS
否	54.38	45.53	45.75		46.83	43.97	
样本量（人）	559	347	212		252	307	
吃过邻居家饭							
是	48.48	51.1	44.35	NS	50.67	46.08	NS
否	51.52	48.90	55.65		49.24	53.92	
样本量（人）	594	364	230		262	332	
邻里认同							
借大额钱财							
是	21.38	19.66	24.02	NS	21.34	21.34	NS
否	78.62	80.34	75.98		78.66	78.66	
样本量（人）	580	351	229		253	328	
倾诉烦恼							
是	34.75	35.01	34.33	NS	35.66	33.93	NS
否	65.25	64.99	65.67		64.34	66.07	
样本量（人）	590	357	233		258	333	
请对方看家							
是	32.94	32.11	34.19	NS	43.73	42.04	NS
否	67.06	67.89	65.81		66.27	67.96	
样本量（人）	589	355	234		255	334	

二 社会网络支持

社会关系网络强度有高低之分。Mark S. Granovetter（1973）和边燕杰（1997）等人对社会网络强弱关系的研究进行了互相补充，前者揭示了西方文化背景下人们交往和联系的情况，而后者是对儒家文化背景下华人社会联系状况的一种具体描述与解释。学术界对“关系”的进一步分析在于人们之间的关系是逐步发展变化的，是一个动态的过程。农村居民处于社会变革时期最易受到城镇化浪潮冲击的农村地区，了解其社会网络规模和关系构成可以在一定程度上反映其受到社会支持程度的高低。

中国社会一直以来是一个讲究关系和重视人情的社会，"关系"在人们日常的工作生活中都发挥着重要的作用。"关系"不仅是一切社会制度和权力运行的基础，同时也是重要的信息分享和资源配置的替代机制。学者们对我国社会关系的研究其成果已相当丰富，20 世纪 40 年代后期费孝通先生在《乡土中国》一书中早已提出了"差序格局"概念，即以关系网络作为出发点，认为社会关系网络是一种根本的社会资源。

社会关系网络的本质是一种社会资本，关于两者的理论常常被一同提及。Bourdieu（1986）在社会学领域率先提出并应用社会资本概念，他认为"社会资本是有助于行动者获得现实的或者潜在社会资源的社会关系网络"，即一个人所拥有的社会关系网络规模，以及这个关系网络中集合起来的社会资源状况，共同决定着他实际能掌握的社会资本量。

美国学者费正清（1999）认为，中国家庭是自成一体的小天地，是个微型的邦国；而从社会角度看，一个村庄里的中国人主要按家族制组织起来，从而组成同一地区的邻里社会。农村居民日常生活范围内的社会联系和交往大部分局限于亲戚间或同村的村民之间，因此，本文以血缘、亲缘、地缘关系分类对农村居民社会网络种类及强度展开研究讨论。

将"家族观念"作为农村居民"过去关系强度"的考察结果。而对于"目前关系强度"则采用问卷询问了解网络规模和关系构成，以及对强弱社会关系职业声望三方面进行考察。

1. 家族观念

随着农村经济的发展和管理制度的不断完善，农村的家族活动基本取消，但是农民内心意识中的家族观、血缘观一直存在；陈永平等（1991）对湖北五个村的调查发现，约 73%的家庭在农忙时需要互助，56%的家庭中的协作主要是在家族内进行，并且在生活上有困难时，求助于族人的比例更大。这些都表明在当前的农村日常生活中，家族关系仍然是联结家庭的重要纽带，并且部分作用于农民的行为及意识决策。

(1) 农村居民

如图 4-4 所示，在汉中生活的农村居民群体中约五成以上的人认为自己的家族在本地是一个大家族。同时拆分调研地后发现在城固县生活的农村居民群体中约六成的人认为自己的家族在本地是一个大家族，这一比例略高于宁强县农村居民。大家族的效能感背后隐藏的是家族关系背后“过去关系强度”所带来的社会资本自信。家族社会关系圈网络规模较小且表现出节点之间互动性较强的特点，符合“强关系”社会网络特征。

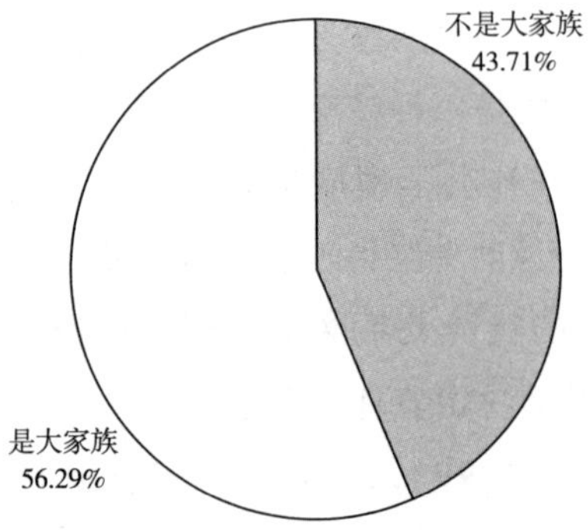

图 4-4 汉中农村居民是否认同自己家族是大家族

如表 4-4 所示，从代次视角来看，汉中调研地区农村居民的大家族效能感没有发现显著的差异，第一代农村居民和第二代农村居民认为自己的家庭是俗称的“大家族”的均占到五成以上；从是否外出务工的角度来看，流动也并没有给农村居民的家族效能感带来显著差异，无论是否外出打工，都约有五成以上的人认为自己的家族是个大家族，未曾外出的人大家族观念略强一些。

表 4-4 汉中农村居民的家族观念代次与流动视角比较

单位：%

项目	代次视角			流动经历		
	第一代	第二代	LR/T	曾外出	未曾外出	LR/T
家族认同感						
是	57.04	54.12	NS	54.75	58.25	NS
否	42.96	45.88		45.25	41.75	
样本量（人）	1066	364		800	630	

（2）“农转非”居民

如表4-5所示，在家族认同感方面，仅有不到半数的“农转非”居民有家族认同感，这说明在城镇化的进程中，随着城镇规模及人们社交规模的日益扩大，在人与人之间的联系中，家族的影响力渐渐减弱，这与城镇化趋势保持一致。大家族是“强关系”的重要构成要素，同时也是个体社会资本的重要来源，家族关系日渐削弱，邻里等其他关系的重要性增强，体现了社会资本内部的结构变化。

表4-5 “农转非”居民的家族观念代次与流动视角比较

单位：%

项目	总体	代次视角			性别		
		第一代	第二代	LR/T	男性	女性	LR/T
家族认同感							
是	44.20	42.35	47.28	NS	41.96	46.42	NS
否	55.80	57.65	52.72		58.04	53.58	
样本量（人）	491	307	184		224	265	

2. 网络规模与关系构成

社会关系网络强度有强弱之分，学术界对“关系”的进一步分析在于，人们之间的关系是发展变化的，是一个动态的过程。了解农业转移人口社会网络规模和关系构成可以在一定程度上反映其受到社会支持程度的高低。

（1）农村居民

如表4-6所示，社会网络规模与关系构成通过询问了解调查对象“目前村里你的家人、亲属有多少”以及“关系较好的朋友有多少”进行测度。从汉中市总体调研数据来看，农村居民所拥有的家人、亲属数量表现出显著的代次差异，第一代农村居民目前在村里有23个左右的家人、亲属，第二代农村居民目前在村里有20个左右的家人、亲属；从流动经历的角度看，并没有显著的差异，未曾外出农村居民和曾外出务工农村居民亲人、家属数量基本一致。从代次角度看，农村居民的朋友数量表现出了显著差异，第一代农村居民目前在村里有19个左右的关系较好的朋友，第二代农村居民目前在村里有 15 个左右的关系较好的朋友，略低于第一代农村居民；从流动经历的角度看，曾外出务工农村居民目前在村里拥有 19 个左右关系较好的朋友，未曾外出农村居民目前在村里有 17 个左右关系较好的朋友，略低于曾外出务工农村居民。

表 4-6　农村居民社会网络的规模和关系构成

单位：%

项目	总体	代次视角			流动经历		
		第一代	第二代	LR/T	曾外出	未曾外出	LR/T
关系构成							
家人、亲属							
均值（人）	22.32	22.98	20.36	*	21.91	22.85	NS
标准差	18.75	18.96	18.00		18.27	19.35	
样本量（人）	1404	1052	352		783	621	
朋友							
均值（人）	18.56	19.52	15.67	***	19.34	17.57	+
标准差	17.08	17.82	14.28		18.28	15.40	
样本量（人）	1396	1047	349		776	620	

（2）“农转非”居民

如表 4-7 所示，在社会网络规模与关系构成方面，“农转非”居民在本县大约拥有家人亲属 32 人，拥有朋友 23 人；且第二代“农转非”居民比第一代“农转非”居民有更多的朋友，男性“农转非”居民比女性“农转非”居民有更多的朋友，这与常理和以往研究均相符合。

表 4-7　“农转非”居民社会网络的规模和关系构成

单位：%

项目	总体	代次视角			性别		
		第一代	第二代	LR/T	男性	女性	LR/T
关系构成							
家人、亲属							

续表

项目	总体	代次视角			性别		
		第一代	第二代	LR/T	男性	女性	LR/T
均值（人）	32.42	32.20	32.76	NS	34.53	30.46	NS
标准差	21.86	21.55	22.39		22.05	21.56	
样本量（人）	561	345	216		251	309	
朋友							
均值（人）	22.51	22.01	23.31	+	23.21	21.74	**
标准差	20.54	20.60	20.47		20.44	20.50	
样本量（人）	567	346	217		252	310	

3. 社会网络的职业构成

职业声望是社会成员对各种职业地位的一种主观评价。职业声望的评分显示了社会成员对各种职业高低的一种主观认定，即社会成员通过对该职业多方面因素的衡量比较之后给出了分数，这种职业声望分数的评价，在一定程度上也反映了打分者的价值取向。表 4-8 是李强（2009）基于北京地区职业声望实地调查情况计算出的职业声望评分。其中，职业声望评分越高的职业代表拥有较多的声望、权利和财富。将职业声望得分与农业转移人口社会关系网络结合可以更好地理解农村居民社会网络中的社会资本以及有助于理解劳动者的社会行为与职业流动方向。

表 4-8 农业转移人口社会关系的不同职业声望评分

职业	职业声望评分	排序
政府机关局长	71.69	1
公司经理	66.00	2
大学老师	70.56	3
医生	73.66	4
工程师	71.47	5
中小学教师	64.93	6
国家机关普通职员	56.85	7
个体户	56.47	8

续表

职业	职业声望评分	排序
民警	54.86	9
车间主任	52.24	10
会计	57.16	11
小企业厂长	62.10	12
包工头	47.47	13
银行职员	57.51	14
律师	70.67	15
建筑工人	44.51	16
小餐馆厨师	47.91	17
保姆	41.14	18
保安	39.84	19
废品收购员	38.84	20

（1）农村居民

表4-9将农村居民社会网络中的不同职业，按照职业声望的高低进行排序，并进行职业分布占比分析，以此判断农村居民社会网络中所蕴含的社会资本的大小。按照亲疏关系和差序格局，将农村居民认识的人分为“亲属”“朋友”两类，分别代表了强关系与弱关系的大小。

如表4-9所示，从汉中整体情况来看，被调查者中，亲属强关系类型占比最大的是“建筑工人”，约28%的被访者认识一名以上的建筑工人，其次是约有23%的人认识一名以上“中小学老师”；其次，约有20%的人认识一名以上“个体户”。认识的朋友中，职业类型占比最高的仍为“建筑工人”，约有12%的农村居民认识“中小学教师”，有10%的人认识“包工头”。这三类人群在宁强县和城固县农村居民社会网络中都占有很大的比重。这些结果表明，农村居民的社会关系主要集中在建筑工人、中小学教师、个体户等职业声望中等偏下的职业类型中，一定程度上反映了农村居民自身社会地位较低的社会事实；相比较亲属和朋友的社会关系，朋友比亲属更有可能接触民警、车间主任、会计等职业，因此朋友关系在接触声望等级比自己更高的人方面是有一定优势的，通过朋友关系接触的职业类型也更偏重于中间职业声望阶层，相比认识的亲戚，农村居民认识更多的政府机关工作人员和中小学教师接近于与自己职业发展和子女教育更具有利益相关性的职业等级，这表明弱关系在农村居民职业发展、政府信任和子女培养方面起到了重要的作用。农村居民在与政府机关局长和公司经理等拥有较高职业声望的个体进行互动时，多数是依靠亲属关系这样的强关系，这也说明农村居民在交友方面有很大的限制。

表 4-9 不同社会关系的职业分布结果

单位：%

职业	亲属	朋友
政府机关局长	4.77	2.63
公司经理	4.22	3.11
大学老师	4.91	2.9
医生	16.74	8.16
工程师	2.49	3.04
中小学教师	22.89	12.17
国家机关普通职员	9.96	4.36
个体户	19.92	2.84
民警	4.15	4.98
车间主任	1.94	5.12
会计	4.36	4.98
小企业厂长	2.49	5.12
包工头	10.51	10.17
银行职员	2.90	3.87
律师	2.07	2.35
建筑工人	28.35	18.05
小餐馆厨师	10.44	9.2
保姆	4.5	4.15
保安	2.9	4.22
废品收购员	4.22	4.63

如表 4-10 所示，从不同类型的社会关系职业声望结构中可以看到，亲属关系和朋友关系的最高职业声望（61.02、60.88）都已经处于中小学教师和小企业厂长两类职业的声望水平之间，为中等水平。亲属关系的职业声望网差（网顶和网底之差）（11.12）小于朋友关系的职业声望网差（12.65），这表明，农村居民认识朋友的最高职业声望较亲属更高，其交往对象拥有更多可能性。

表 4-10 不同类型社会关系职业声望结构特征

项目	亲属		朋友	
	均值	标准差	均值	标准差
最高职业声望	61.02	11.06	60.88	11.06
职业声望幅度	11.12	11.75	12.65	12.34
样本量（人）	927		546	

如表 4-11 所示，比较两代农村居民的社会关系职业声望发现，亲属社会关系职业声望之间未表现出显著的代次差异，朋友社会关系职业声望存在显著的代次差异；不同流动经历的农村居民亲属关系职业声望和朋友关系职业声望均未表现出显著的差异，在朋友关系职业声望幅度上表现出显著差异。

表 4-11 农村居民不同社会关系职业声望的代次与流动经历比较

单位：%

项目	代次			流动经历		
	第一代	第二代	LR/T	曾外出	未曾外出	LR/T
亲属						
最高职业声望						
均值	61.90	61.04	NS	62.47	60.76	NS
标准差	10.80	11.19		10.57	11.21	
样本量（人）	668	259		487	440	
职业声望幅度						

续表

项目	代次			流动经历		
	第一代	第二代	LR/T	曾外出	未曾外出	LR/T
均值	10.95	11.57	NS	10.19	11.82	NS
标准差	11.85	11.75		11.67	11.81	
样本量（人）	668	259		487	440	
朋友						
最高职业声望						
均值	59.68	63.41	**	61.15	60.75	NS
标准差	11.43	9.98		11.26	10.97	
样本量（人）	362	184		252	294	
职业声望幅度						
均值	11.24	15.43	NS	13.37	12.03	+
标准差	11.94	12.66		12.85	11.87	
样本量（人）	362	187		252	297	

第一代农村居民在亲属关系最高职业声望上略高于第二代农村居民，但在职业声望幅度上略低于第二代农村居民，这表明第一代农村居民亲缘关系紧密且职业层次较高，且职业声望较为分散，第二代农村居民亲缘关系中拥有高职业声望的可能性较第一代低，亲属关系的职业层次差异也不大。在朋友社会关系职业声望上，第二代农村居民朋友的最高职业声望与职业声望幅度上均高于第一代，这表明第二代农村居民更擅长交往不同职业类型的朋友，并且认识较高职业声望类型的朋友，这在潜移默化中可能提升了其社会关系网中的资源储量。

对于不同的流动经历的农村居民来说，强亲属关系的最高职业声望之间存在细微的差别，其中，有过流动经历的农村居民亲属关系的最高职业声望较未曾流动的农村居民高出近 2 个职业声望单位，以往研究表明社会网络中的强关系可以提供的职业信息和就业机会可能是其务工流动以及更换流动方式的主要原因。曾经流动的农村居民拥有的朋友社会关系和未曾流动的农村居民在最高职业声望上并不存在显著的差别，但在平均职业声望幅度方面表现出显著差异。未曾流动的农村居民认识的朋友的职业声望普遍偏低，职业声望类型较为单一，这可能与生活圈子较为狭窄有关，由此可见，流动经历可以有效提高农村居民弱关系社会资本的状况。

如表 4-12 所示，女性农村居民的亲属和朋友最高职业声望均比男性高出近 2 个单位，这表明在汉中农村居民群体中，女性更擅长处理社会关系，社会资源较好；而男性在亲属与朋友关系职业声望方面发展潜力大，并有逐步扩大的趋势。但上述性别差异并未表现出显著的统计学差异。

由以上分析可见：第一，第二代农村居民虽然在亲属关系职业声望方面弱于第一代农村居民，但自身的发展给了他们更多结识较高声望朋友的可能，且交友观念相较第一代而言也有改变，对社会资本运用有了一定的概念。第二，有过流动经历的农村居民在亲属关系和朋友关系上的最高职业声望都略高于未曾外出务工的农村居民，较高质量的亲属关系为他们外出务工寻求工作提供了一定程度的优势，而外出务工又让他们结识到了更多职业属性的朋友，从而产生一个良性循环。第三，农村社会仍然是一个人情社会，直接导致女性在关系发展以及维持方面有较大的优势，但男性依然在社会资本资源运用中占有优势，这可能与“男主外女主内”的传统观念有很大的关系。

表 4-12 农村居民不同社会关系职业声望的性别比较

单位：%

项目	性别		
	男性	女性	LR/T
亲属			
最高职业声望			
均值	60.62	62.41	NS
标准差	11.14	10.68	
样本量（人）	387	535	
职业声望幅度			
均值	11.17	11.10	NS
标准差	11.77	11.75	
样本量（人）	387	535	

续表

项目	性别		
	男性	女性	LR/T
朋友			
最高职业声望			
均值	60.06	61.64	NS
标准差	11.39	10.82	
样本量（人）	256	286	
职业声望幅度			
均值	11.97	13.17	NS
标准差	12.39	12.26	
样本量（人）	256	286	

从以上职业声望分布情况来看，有以下值得注意的结论：

第一，农村居民越来越多地通过日常交流与陌生人建立社会联系，从而形成朋友关系这样的弱关系社会网络，这有助于他们的市民化和与社会融合。农村居民的一般社会网络规模较大，以朋友关系为主，亲属关系规模较小，相比第一代农村居民，第二代农村居民更善于在日常交流中和陌生人建立联系，因此，适当构建朋友—同乡—亲属的交往结构，增加农村居民与不同职业声望类型之间的交往，可以使农村居民更多地参与市民化的过程。

第二，农村居民的一般社会网络在性别上有差异，但不存在显著差别。与他人交往概率高的农村男性劳动力，大多选择外出务工，从而社会交往的范围限定于业缘关系与同乡之间。而女性的一般社会网络的规模大于男性，但其职业声望质量较低，这与农村实际情况相符。因此应当重视女性农村居民的社会关系网络，特别是朋友网络质量。

（2）“农转非”居民

表 4-13 是按照所处阶段将“农转非”居民亲友职业各类占比分为“农转非”前和“农转非”后，以发现转换户籍前后亲友职业占比的变化。

如表 4-13 所示，从汉中整体情况来看，被调查“农转非”居民中，“农转非”前亲友职业占比最大的为“个体户”，在转换户籍后亲友职业占比最大的依然为“个体户”，但其占比提高到近五成。在转换户籍之后，“农转非”居民的社会关系在职业声望较高职业中的比例普遍地提高，可能是由于其生活与工作环境改变，社会关系也随之产生变化。

表 4-13 “农转非”居民不同社会关系的职业分布结果

单位：%

职业	“农转非”前	“农转非”后
政府机关局长	5.52	7.46
公司经理	4.80	8.66
大学老师	5.33	5.66
医生	22.84	25.94
工程师	2.85	4.98
中小学教师	29.62	36.59
国家机关普通职员	13.79	24.27
个体户	32.76	46.23
民警	7.66	16.46
车间主任	4.30	3.41
会计	7.08	8.69
小企业厂长	7.43	7.24
包工头	18.54	15.18
银行职员	10.46	19.47
律师	10.50	8.90
建筑工人	31.45	29.40
小餐馆厨师	13.50	21.20
保姆	8.53	9.17
保安	14.84	11.84
废品收购员	8.51	6.57

如表 4-14 所示，从不同时期的社会关系职业声望结构中可以看到，“农转非”居民转换户籍前后的最高职业声望（41.43、44.02）处于建筑工人和保姆两类职业的声望水平之间，处于较低水平。转换户籍之后的社会关系职业声望均值和职业声望幅度有所增加，这表明，户籍的转换使该人群主动或被动地融入城市社会关系中，其社会关系职业声望提高。

表 4-14 “农转非”居民不同时期社会关系职业声望结构特征

项目	“农转非”前		“农转非”后	
	均值	标准差	均值	标准差
最高职业声望	41.43	31.40	44.02	32.44
职业声望幅度	36.68	31.48	40.53	32.44
样本量（人）		612		614

如表 4-15 所示，比较两代“农转非”居民的社会关系职业声望发现，职业声望幅度在转换户口前存在代次差异，不同年龄“农转非”居民社会关系并未有显著提升。第一代“农转非”居民在“农转非”后的最高职业声望上具有优势；第二代“农转非”居民在“农转非”前无论是在最高职业声望还是职业声望幅度上都明显好于第一代“农转非”居民，其中，第二代“农转非”居民认识的朋友平均最高职业声望为 42.72。介于建筑工人、包工头与保姆之间，平均职业声望幅度为 38.63，低于第一代“农转非”居民 41.42 个的职业声望幅度。从这三个指标的表现来看，转户后第一代“农转非”社会交往更广泛，并且职业声望较高，这表明第一代“农转非”居民强关系社会资本丰富，第二代“农转非”居民转户前后社会关系职业声望较高且变化不大，这说明，第二代“农转非”居民弱关系社会资本更为丰富。

在性别视角下，男性“农转非”居民与女性“农转非”居民之间不存在显著的差别，但可以看出，无论是最高职业社会资本还是职业声望幅度，女性“农转非”居民都显示出了比较强的优势。

表 4-15 “农转非”居民不同社会关系职业声望的代次与性别比较

单位：%

项目	代次			性别		
	第一代	第二代	LR/T	男性	女性	LR/T
“农转非”前						
最高职业声望						
均值	38.86	45.13	NS	37.98	44.40	NS
标准差	31.82	30.37		31.65	30.92	
样本量（人）	368	240		270	336	
职业声望幅度						
均值	35.31	41.00	+	33.73	40.98	*
标准差	31.49	31.13		31.20	31.36	
样本量（人）	368	259		270	336	
“农转非”后						
最高职业声望						
均值	44.56	42.72	NS	38.73	48.59	NS
标准差	31.80	33.50		33.29	31.02	
样本量（人）	369	241		268	340	
职业声望幅度						
均值	41.42	38.63	NS	35.47	44.86	NS
标准差	31.86	33.32		32.77	31.56	
样本量（人）	369	241		268	340	

第三节 金融资本

金融资本（Financial Capital）是指人们取得生计目标所需要的资金资源，即研究主体所拥有并能够利用的金钱储备，主要指存款和以各种形式获得的借贷。虽然除金钱外，往往其他的实物也能起到钱的积累和交换作用，但在本书中金融资本主要指可取得运用的金钱。

一　金融资本结构

家庭金融资本结构能够最直接地反映出家庭经济现状，本书中用农村居民与“农转非”居民的家庭年收入、支出、借贷以及存款测量其金融资本结构。

1. 农村居民

如图 4-5 所示，汉中市农村居民家庭年收入平均为 20314.2 元，家庭年支出平均为 16022.61 元，家庭年借贷平均为 12421.64 元，家庭年存款平均为 9435.94 元。总体来看，汉中市农村居民总借贷多于总存款，家庭金融资本情况存在一定的借贷风险。

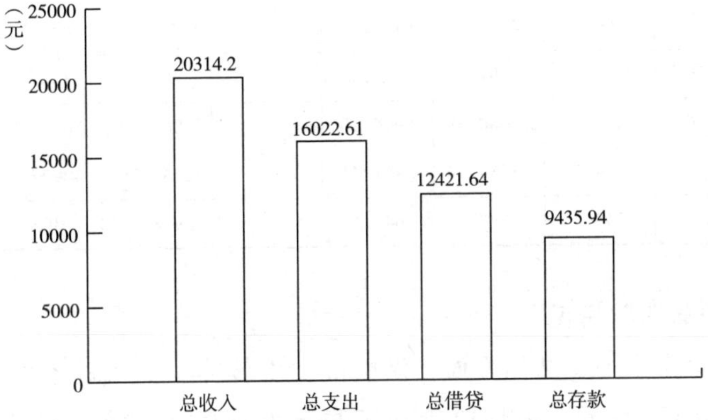

图 4-5　汉中市农村居民家庭金融资本基本情况（元）

如表 4-16 所示，从地域视角看，城固县农村居民比宁强县农村居民的总存款略高，在其他方面两县之间没有显著差异。从代次视角看，第二代农村居民家庭年平均收入、总存款显著高于第一代，而第一代农村居民家庭总借贷显著高于第二代。由此可见，伴随时代发展，汉中地区农村居民的经济情况有所好转，相较于上一代，第二代农村居民的总收入明显增多，虽然支出也在不断增加，但是存款总量提升，且借贷数额降低。

表 4-16 城固县、宁强县农村居民家庭金融资本基本情况

单位：%

项目	总体	地域视角			代次视角		
		城固县	宁强县	LR/T	第一代	第二代	LR/T
金融资本							
总收入（元）	20314.2	20307.49	20321.14	NS	19675.83	22206.06	**
标准差	33650.56	34718.4	32532.36		35475.87	27497.39	
样本量（人）	1415	720	695		1058	357	
总支出（元）	16022.61	15963.18	16083.77	NS	16241.09	15377.04	*
标准差	23235.34	25615.97	20517.91		23793.02	21522.35	
样本量（人）	1400	710	690		1046	354	
总借贷（元）	12421.64	12161	12657.9	NS	14161.18	7140.91	***
标准差	47756.92	44720.58	50384.44		52722.62	27073.54	
样本量（人）	1243	591	652		935	308	
总存款（元）	9435.94	10000.39	8914.30	**	9069.69	10562.3	*
标准差	41754.75	35454.76	46851.48		42035.26	40927.53	
样本量（人）	1243	597	646		938	305	

2."农转非" 居民

在金融资本构成结构方面，汉中市"农转非"居民的家庭总收入平均约为 54648.89 元，男性收入显著高于女性收入，第二代"农转非"居民收入状况也明显优于第一代"农转非"居民。在支出方面，"农转非"居民平均支出 36108.03 元，男性平均支出显著高于女性，第一代"农转非"居民平均支出稍高于第二代"农转非"居民的平均支出，这可能是由于第一代"农转非"居民上有老、下有小，需要承担更多的家庭责任，因此有更多的支出，而第二代"农转非"居民年纪尚轻，无须承担较多方面的经济支出，因此支出相对较少。在借贷方面，"农转非"居民平均借贷 34981.23 元。在家庭总存款方面，"农转非"居民家庭平均存款为 16071.66 元，且女性比男性拥有更多的存款，这与女性较男性更偏好储蓄的特点相一致。

表 4-17　汉中市“农转非”居民家庭金融资本基本情况

单位：%

项目	总体	性别视角			代次视角		
		女性	男性	LR/T	第一代	第二代	LR/T
金融资本							
总收入（元）	54648.89	50074.67	58197.86	***	54774.37	54971.61	***
标准差	81947.43	67294.85	91676.80		73465.14	94012.87	
样本量（人）	515	225	290		320	198	
总支出（元）	36108.03	29993.49	40792.08	***	36630.78	35304.55	***
标准差	55703.12	25082.03	69863.60		63604.59	40325.02	
样本量（人）	545	231	314		332	216	
总借贷（元）	34981.23	40086.63	31917.99	*	34452.87	36505.50	NS
标准差	104070	118540.6	94640.07		101207.4	107992.0	
样本量（人）	232	87	145		440	297	
总存款（元）	16071.66	18334.24	14330.29	***	20169.02	10621.68	***
标准差	60318.09	75206.94	45824.47		75323.49	20588.98	
样本量（人）	338	147	191		208	132	

二　收入与支出方式

伴随着时代发展，农业人口的收入方式逐渐呈现多样化的特点，对农业转移人口的收入来源与支出结构进行研究，能够加深对其生计来源的了解。

1. 收入

（1）农村居民

如图 4-6 所示，在收入来源方面，汉中市农村居民主要以打工工资为主，约占收入的六成，其次为务农收入，约占收入的两成，再次为做生意收入，约占收入的一成，其他类型收入，如投资、政府补贴等收入较少。

如表 4-18 所示，从地域视角上看，城固县农村居民和宁强县农村居民在收入来源方面存在显著差异，城固县农村居民因打工而得到的收入占

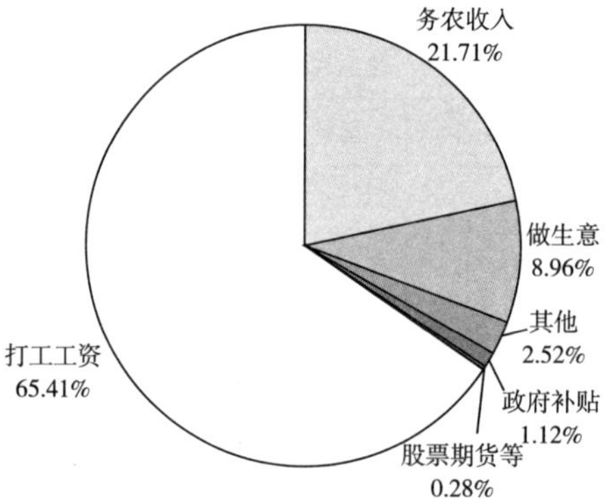

图 4-6 汉中市农村居民家庭收入结构

总收入的比例低于宁强县农村居民，而务农收入所占比例高于宁强县农村居民；从代次视角上看，第一代农村居民和第二代农村居民收入来源存在显著差异，第一代农村居民以打工和务农收入为主，第二代农村居民以打工和做生意收入为主，这也从代际层面很好地印证了我国正处于从农业社会向二、三产业社会的转型期。

表 4-18 城固县、宁强县农村居民家庭收入结构

单位：%

项目	总体	地域视角			代次视角		
		城固县	宁强县	LR/T	第一代	第二代	LR/T
收入来源							
打工工资	65.41	60.60	70.52	***	61.56	76.65	***
股票期货等理财产品	0.28	0.27	0.29		0.38	0.00	
做生意	8.96	9.65	8.24		8.18	11.26	
政府补贴	1.12	0.95	1.30		1.22	0.82	
务农收入	21.71	26.36	16.76		25.75	9.89	
其他	2.52	2.17	2.89		2.91	1.37	
样本量（人）	1428	736	692		1064	364	

（2）“农转非”居民

如图 4-7 所示，汉中市约七成的“农转非”居民最主要的收入是打工工资，其次是做生意收入，约占一成，再次则是务农收入、股票期货等理财产品收入和政府补贴，说明“农转非”居民在转变户籍身份的同时，主要生计资本来源由传统部门收入转为现代部门收入，由此可以预见，户籍身份的转变将会对农村居民家庭收入方式产生显著的影响。

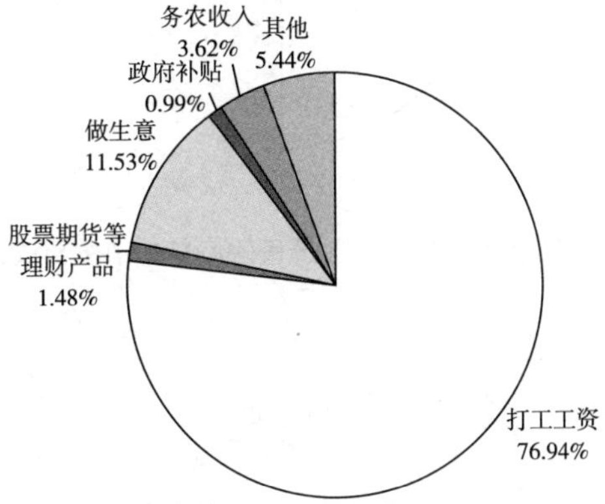

图 4-7 汉中市“农转非”居民家庭最主要的收入来源

如图 4-8、图 4-9 所示，汉中市在第二项主要收入来源与第三项主要收入来源中，占据绝对优势的收入来源为务农收入，其次为做生意收入和政府补贴。虽然已经脱离农业户口，但有一部分“农转非”居民却仍以农业收入作为其收入来源，究其原因可能是存在家庭其他成员耕种土地获得收益。这也与现实中许多农村年轻劳动力通过流动逐渐转换户口形式，在城镇定居获得稳定职业收入，同时其家庭内部有老人、妇女仍以务农为主要生计方式的现实相符合。体现了现实城镇化过程中，家庭分离或收入分割的人口不完全城镇化情况。一方面，部分家庭成员保留土地，可以丰富家庭收入结构，抵消一部分金融资本可能会遭遇的风险，同时也应注意到这背后有着农业产业生产率低下、家庭分割的各类风险。其中不仅隐藏着中小城镇巨大的城镇化潜力，同时也是注重和提高“人的城镇化”质量的主要着力点。

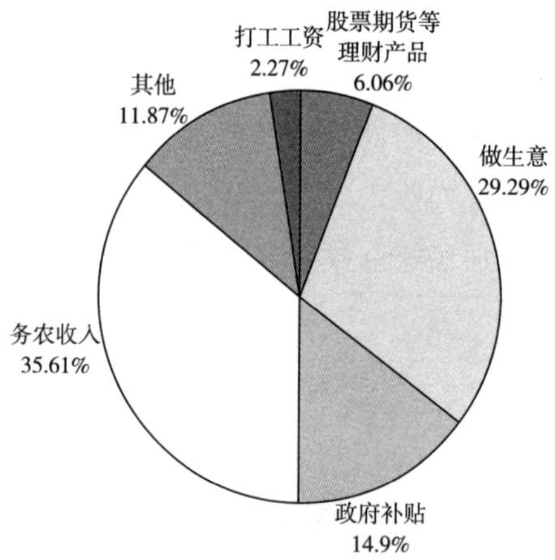

图 4-8　汉中市“农转非”居民家庭第二项主要收入来源

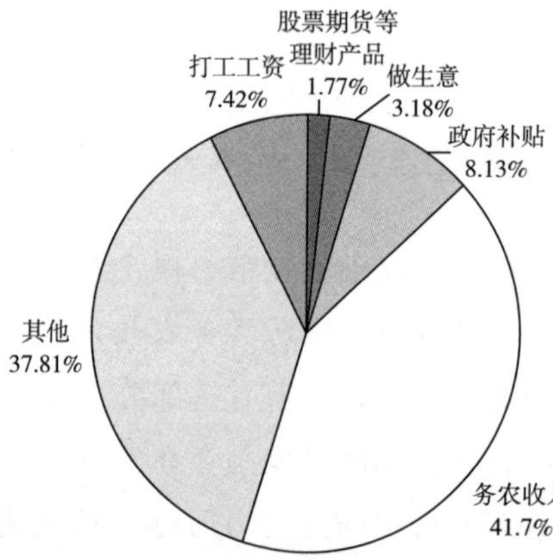

图 4-9　汉中市“农转非”居民家庭第三项主要收入来源

2. 支出

（1）农村居民

在支出结构方面，汉中市农村居民的支出以购买食物支出为主，约占三成，其次为购买衣物支出，占近三成，再次为教育支出，约占一成，其余如居住费用、交通通信、投资等支出较少（见图 4-10）。

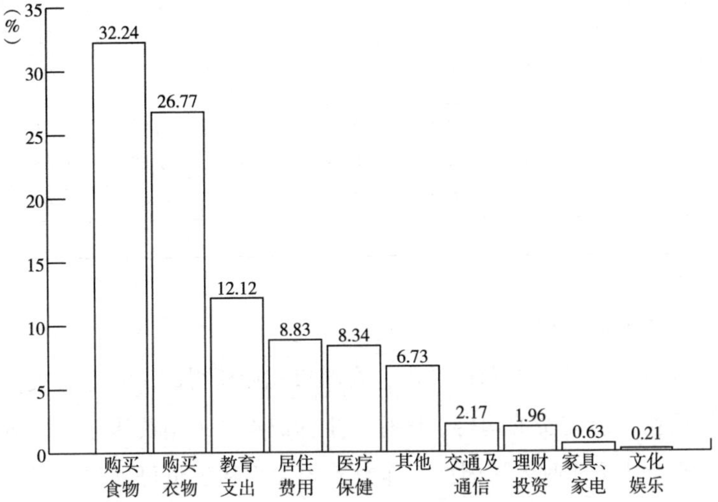

图 4-10 汉中市农村居民家庭支出结构

从地域视角上看，生活在宁强县的农村居民，在衣物、食物、教育方面的支出略高于城固县的农村居民；从代次视角上看，第二代农村居民在购买衣物、食物方面略高于第一代农村居民，而第一代农村居民在教育、医疗保健方面的支出更多，这与两代群体的自身特征相关，第二代农村居民年轻的群体，其在育儿、自身健康方面压力较小，而这些正是第一代农村居民群体所面临的。

表 4-19 城固县、宁强县农村居民家庭支出结构

单位：%

项目	总体	地域视角			代次视角		
		城固县	宁强县	LR/T	第一代	第二代	LR/T
资金支出							
购买衣物	26.77	25.14	28.51		24.25	34.16	
购买食物	32.24	30.43	34.15		31.77	33.61	
居住费用	8.83	9.78	7.81		9.02	8.26	
交通及通讯	2.17	1.36	3.04	***	1.79	3.31	***
生意、理财等投资	1.96	2.85	1.01		1.69	2.75	
家具、家电	0.63	0.95	0.29		0.56	0.83	
文化娱乐	0.21	0.14	0.29		0.19	0.28	

续表

项目	总体	地域视角			代次视角		
		城固县	宁强县	LR/T	第一代	第二代	LR/T
教育支出	12.12	10.33	14.04		13.63	7.71	
医疗保健	8.34	8.56	8.10	***	10.62	1.65	***
其他	6.73	10.46	2.75		6.48	7.44	
样本量（人）	1427	736	691		1064	363	

（2）“农转非”居民

从“成本—收益”的角度考虑，在城市就业所得的工资等各类收入与城里“安居乐业”所花费的购房、医疗、生活成本、人情往来等各系列成本做一减法，剩余才是净收入，因此，净收入的大小和正负可能很大程度上左右农村居民的市民化意愿，关注“农转非”居民在转换户口之后，城市生活各类支出的变化，能有效地反映中小城镇户籍城镇化意愿的阻力因素，从而疏通市民化道路，让更多的人能够在城市里“有工作”“有保障”，安居乐业。

从图 4-11 可以看出，“农转非”居民转换户口之后，增加最多的支出项目是购买食物，其次是购买衣物和住房。生活场域的转换、生活方式的现代化、收入来源的增加以及社会交往模式的更迭，均直接导致其在上述方面的支出增加。在图 4-12 中，值得关注的是，除上述三项增加最多的支出项目外，交通与通信和教育也在支出中占了较高的比例。

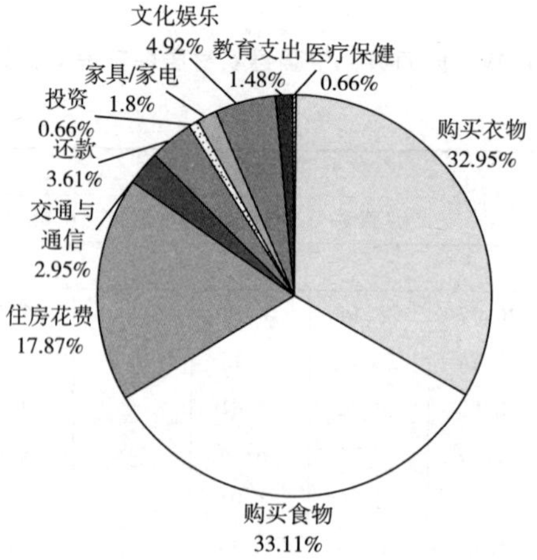

图 4-11 汉中市“农转非”居民“农转非”之后增加最多的支出项目

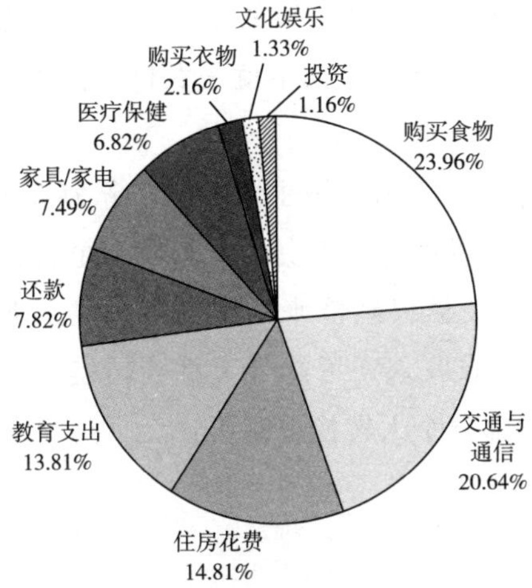

图 4-12　汉中市“农转非”居民“农转非”之后增加次多的支出项目

第四节　小结

（1）总的来说，超过一半的农村居民土地年收益都在 10000 元以内。“农转非”居民在转换户籍之前土地无收益所占比例小于农村居民，在高收入段占比高于农村居民，可以看出，在调查样本中“农转非”居民的自然资本较优。

（2）农村居民邻里关系良好，在性别和代次视角下都存在差异，并且其在邻里关系各个维度的测度下都要高于“农转非”居民。观察其家族观念，农村居民中第二代及曾有外出务工经历的人群“大家族”观念相对较淡，并且超过五成的农村居民认为自己家族为村里大家族，“农转非”居民则不到一半。

（3）第一代农村居民在其社会网络广度方面占有显著优势，这是由其年纪稍长所决定的，其亲属关系的职业得分较第二代农村居民稍有优势。第二代农村居民的朋友关系职业得分显著优于第一代农村居民，年轻一代的农村居民自身职业比老一代农村居民有所变化。

（4）通过对金融资本结构的研究发现，“农转非”居民由于其生活场景的转变，其收入、支出、借贷、存款都高于农村居民，同时，户籍转换是原农村居民个人以及家庭理性决策的结果，其已考虑在城市生活状况是否合适，所以“农转非”居民可能本就是农村居民中收入较高、就业能力较强的人群。

（5）在收入方式中，农村居民主要经济来源为打工工资，其次为务农收入，并且第二代农村居民打工工资为主要收入的占比急剧升高，务农收入占比下跌。“农转非”居民经济来源中打工、股票期货收入较多，部分“农转非”家庭仍有务农收入，可能是考虑到转换户籍政策以及土地收益保障功能，在家庭中部分个人转换户籍所致。

第五章
个人生计资本

生计问题是我国社会经济和区域可持续发展面临的主要难题。复杂的地理环境、自然与社会经济环境下，农村居民与“农转非”居民所拥有的生计资本在一定程度上决定了谋生方式，因而有所差异。生计资本作为生计风险研究的核心内容，主要是指不同类别家庭的资源禀赋，各类生计资本可以储存、不断积累并相互转换。农村居民与“农转非”居民须依靠不同类型的生计资本以取得积极的生计成果。事实上，生计资本的禀赋直接决定其抵御生计风险的能力，它们深刻地影响着人们在面临生计风险时的应对行为。一般来说，生计资本越丰厚，处理生计风险的策略也就越多。

本章选择人力资本、物质资本、就业状况三个方面描述目前农村居民与“农转非”居民的生计资本状况及其特点。第一节介绍农村居民与“农转非”居民的人力资本状况及特点，包括劳动者所具有的知识、技能因素两个方面。第二节介绍农村居民与“农转非”居民的物质资本情况，包括住房状况和其他固定资产两个方面。第三节介绍了农村居民与“农转非”居民的就业状况，包括务工经历、求职状况、职业阶层、就业满意程度四个方面。

第一节　人力资本

人力资本对个人生计具有重要的价值。以人力资本理论为基础的农村人力资源开发，一直以来受到各界的关注，形成了丰富的研究成果。从

“可持续发展观”角度来看，通过对人力资本的开发促进社会的可持续发展，形成良性循环。人力资本主要通过受教育程度和职业与技能培训两个方面来衡量。

一 教育程度

不少研究者已经证实，教育作为人力资本的表现形式之一，对个人和地区发展具有显著作用。在不断变化的环境中，教育能够使个人更容易获得工作并取得更高的收益。

1. 农村居民

农村居民中，受教育程度是高中的比例超过一半，其次是初中、中专/技校、小学及以下、大专、本科及以上，农村居民的整体受教育程度处于中等水平（见图 5-1）。对比全国“第六次人口普查”数据同一年龄段的人口发现，此次调查中农村居民的受教育程度水平相对较高，这将成为农村居民个人发展的一种优势。

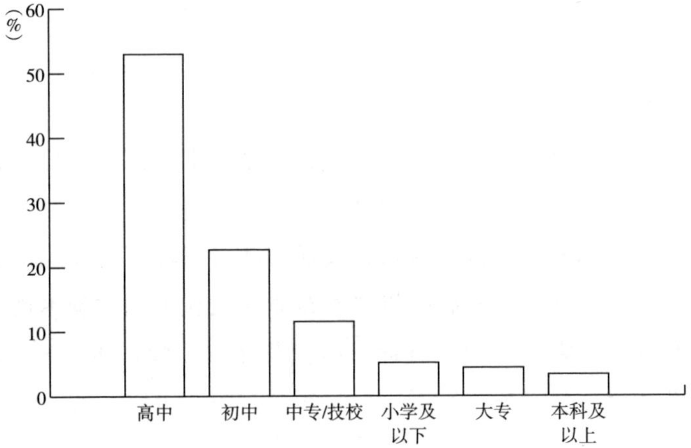

图 5-1 汉中市农村居民受教育程度情况

在衡量农村居民的受教育程度时不能忽视地域环境的影响，从表 5-1 可以看出，城固县高中及以上学历的农村居民较宁强县多，城固县农村居民的文化水平更高，这是受到当地经济发展水平和地域因素的影响，城固县距离汉中市更近一些，经济发展水平要优于宁强县。随着我国经济社会的快速发展和教育制度的日益完善，第一代农村居民与第二代农村居民在接受教育的机会上也存在着显著差异，第二代受教育程度明显高于第一代，中专及以上学历的比例明显上升，这与社会整体教育水平的提高有关。

表 5-1　城固县、宁强县农村居民受教育程度的个人特征

单位：%

项目	总体	地域视角			代次视角		
		城固县	宁强县	LR/T	第一代	第二代	LR/T
受教育程度							
小学及以下	5.14	2.32	8.06	***	6.71	0.55	***
初中	22.69	16.62	29.00		27.77	7.95	
高中	52.95	60.63	44.98		53.49	51.23	
中专/技校	11.52	13.90	9.05		9.1	17.53	
大专	4.37	4.09	4.67		1.30	13.42	
本科及以上	3.33	2.45	4.24		1.21	9.31	
样本量（人）	1441	734	707		1073	365	

2. “农转非”居民

“农转非”居民普遍受教育程度不高，高中以下学历者高达八成。其中，不识字或很少识字的最少，初中学历最为普遍，占到近一半的比例，同时，高中以下学历者远多于中专、大专/技校、本科及以上“农转非”居民。全国“第六次人口普查”数据同一年龄段的人口中，初中水平最多占比近一半，大专及以上占比最低。比较二者发现，本次调查农村居民的总体教育水平与全国水平基本一致。

第二代“农转非”居民受教育程度，明显优于第一代“农转非”居民，第二代“农转非”居民教育状况得到了明显改善。1978 年是我国教育体制改革的分水岭，教育规模逐步扩张，在此以后出生的第二代“农转

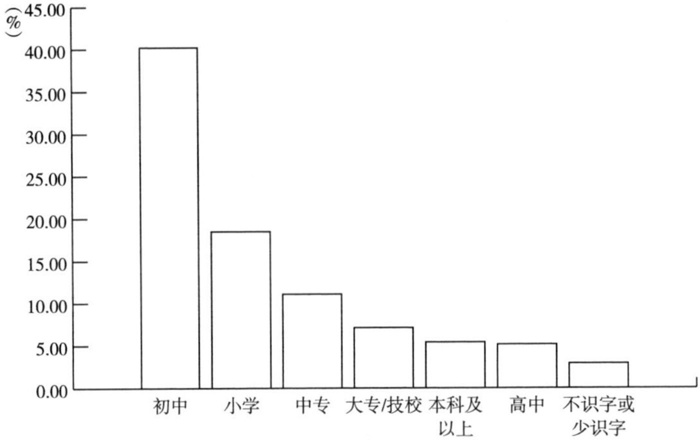

图 5-2 宁强县“农转非”居民的受教育状况

非”居民受益于国家整体教育水平的提高而拥有较好的知识水平。与此同时，我国教育存在着较为明显的性别差异，在西部地区这一现象更加突出，由于性别偏好、受教育机会、资源分配不均等现实原因，女性的受教育程度低于男性的可能性更大。但在此次调查中，与预期相反，在受教育程度上，女性受教育程度略高于男性，男女性之间的受教育程度的差距缩小，这可能说明于女性而言，从农村户口转为城市户口门槛更高。

表 5-2 “农转非”居民的个人特征

单位：%

项目	总体	性别视角			代次视角		
		男性	女性	LR/T	第一代	第二代	LR/T
受教育程度							
小学及以下	23.52	23.42	23.60	NS	34.71	6.64	***
初中	44.53	45.82	43.50		47.82	39.48	
高中	12.43	14.72	10.61		11.41	13.65	
中专/技校	5.77	6.02	5.57		3.16	9.59	
大专	7.69	5.02	9.81		2.67	15.87	
本科及以上	6.07	5.02	6.90		0.24	14.76	
样本量（人）	676	299	377		412	271	

二 职业与技能培训

职业与技能培训对农村经济发展和收入增长的作用不容忽视，培训能够帮助农业转移人口解决技术问题和增强创业技能，促进其采用新技术，并在一定程度上解决农业转移人口增收和转移就业的难题，进而有利于新农村建设。

1. 农村居民

在外出打工前，四成的农村居民参加过技能培训；在外出打工后，近六成的农村居民参加过技能培训，较外出打工前有所提高。外出打工行为改变了参加技能培训的意愿，使参加技能培训的比例提升。不同地区参加培训的环境不同，但通过调查发现城固县和宁强县两地在培训方式上有显著差异，城固县侧重于岗前培训，宁强县偏向于在岗培训；第二代农村居民较第一代农村居民的眼界更加开阔，外出务工前，第二代农村居民参加过技能培训的比例显著高于第一代农村居民，但在外出打工后这种差异就消失了（见表5-3）。

表5-3 城固县、宁强县农村居民人力资本基本情况

单位：%

项目	总体	地域视角			代次视角		
		城固县	宁强县	LR/T	第一代	第二代	LR/T
打工前是否参加过技能培训							
参加	42.72	32.22	53.87	***	39.61	48.26	+
没参加	57.28	67.78	46.13		60.39	51.74	
样本量（人）	639	329	310		409	230	
打工期间是否参加过技能培训							
参加	37.12	74.49	49.53	***	36.47	38.30	NS
没参加	62.88	25.51	50.47		63.53	61.70	
样本量（人）	660	341	319		425	235	

2.“农转非”居民

在“农转非”之前，“农转非”居民总体上参加就业培训的比例约为两成，其中女性参加的人数略高于男性，第二代和第一代“农转非”居民参加就业培训的比例差异不明显。在“农转非”之后，居民参加就业培训

的比例相比“农转非”之前上升了将近两成。此外，在“农转非”之后，不管是男性还是女性，无论是第二代还是第一代“农转非”居民，其参加就业培训的比例无较大差异，反映了就业培训的机会公平（见表 5-4）。

表 5-4 “农转非”居民就业培训

单位：%

项目	总体	性别视角			代次视角		
		男性	女性	LR/T	第一代	第二代	LR/T
“农转非”之前							
没参加过	82.66	84.81	81.91	NS	82.18	83.41	NS
参加过	17.34	15.19	18.09		17.82	16.59	
样本量（人）	548	237	304		331	217	
“农转非”之后							
没参加过	67.81	68.44	67.69	NS	69.50	65.22	NS
参加过	32.19	31.56	32.31		30.50	34.78	
样本量（人）	525	225	294		318	207	

第二节 物质资本

物质资本是指各类居民拥有的财产及其货币表现形态。物质资本是居民生产生活所必需的物质基础，良好的物质资本意味着更强的适应能力，也可以成为其取得收入的重要来源。物质资本影响着“农转非”居民的生存状态，居民的住房和其他固定资产是家庭的基本物质保障，因此物质资本通过以上两方面来衡量。

一 住房

住房能满足居民的基本的生活需求，具有心理安全等功能，是物质资本中关键的一环。住房状况的衡量应包括住房面积、住房花费、住房设施等多方面的因素。安居往往和乐业紧密相关，居民能够满足获得稳定居住环境的需求，代表着较强的适应社会能力，往往这类居民会把更多精力投入到经济生产中。

1. 农村居民

在“有无城镇住房”方面，大约一成的汉中市农村居民拥有城镇住房，在城镇“没有住房，但计划购买”的比例最少，近八成的农村居民在城镇“没有住房，且没有计划购买”；在城镇住房区位上，超过一半的农村居民的城镇住房位于乡镇，剩余农村居民的住房位于县城、汉中市区和陕西省内其他城市，极少数位于陕西省外其他城市；在城镇住房面积上，汉中市农村居民城镇住房平均面积为136.91m^2，宅基地平均面积为179.26m^2，平均价值为46.46万元，居住设施平均得分为0.64，超过九成购买于2011~2016年；在城镇住房用途上，汉中市农村居民城镇住房主要用于孩子上学和用于工作、结婚、父母养老，用于投资等其余用途的较少。

在房屋面积方面，城固县农村居民城镇住房面积显著大于宁强县农村居民。同时，城固县农村居民城镇住房以孩子上学、工作和结婚为主要用途，宁强县农村居民城镇住房用途以孩子上学、工作和父母养老为主。在宅基地面积方面，城固县和宁强县存在显著差异。在农村房屋价值方面，城固县高于宁强县。在居住设施方面，城固县和宁强县没有显著差异。

第二代农村居民拥有城镇住房的比例高于第一代农村居民，但第一代农村居民城镇住房面积显著大于第二代农村居民城镇住房面积。在宅基地面积方面，两代农村居民之间没有显著差异。在居住设施方面，第二代农村居民显著优于第一代农村居民（见表5-5）。

表5-5　农村居民住房状况

单位：%

项目	总体	地域视角			代次视角		
		城固县	宁强县	LR/T	第一代	第二代	LR/T
有无城镇住房							
有	13.58	13.20	13.97	NS	11.60	19.06	**
无，但有计划买	8.22	9.71	6.67		7.91	9.09	
无，没有计划买	78.20	77.09	79.37		80.49	71.85	
样本量（人）	1289	659	630		948	341	

续表

项目	总体	地域视角			代次视角		
		城固县	宁强县	LR/T	第一代	第二代	LR/T
城镇住房区位							
乡镇	64.57	67.82	61.36		61.82	69.23	
县城	27.43	20.69	34.09		29.09	24.62	
汉中市区	2.86	4.60	1.14	NS	4.55	0.00	NS
陕西省内其他城市	4.57	5.75	3.41		4.55	4.62	
陕西省外其他城市	0.57	1.15	0.00		0.00	1.54	
样本量（人）	175	87	88		110	65	
城镇住房面积（m^2）							
均值	136.91	143.46	131.45	+	145.10	121.20	*
标准差	58.71	65.23	52.47		61.79	49.14	
样本量（人）	143	65	78		94	49	
城镇住房价值（万元）							
均值	46.46	48.66	44.63	NS	41.01	57.49	NS
标准差	77.00	51.69	93.30		34.88	124.63	
样本量（人）	130	59	71		87	43	
宅基地面积（m^2）	179.26	210.77	145.31	***	179.04	179.93	NS
标准差	120.71	141.28	81.01		119.97	123.12	
样本量（人）	1317	683	634		992	325	
当前居住设施情况	0.64	0.64	0.64	NS	0.60	0.77	***
标准差	0.75	0.77	0.74		0.75	0.75	
样本量（人）	1365	692	673		1022	343	
购买时间							
2000年及以前	1.03	0.54	1.55		1.02	1.08	
2001~2005年	0.21	0.27	1.55	NS	0.28	0.00	NS
2006~2010年	2.96	0.27	1.55		2.49	4.34	
2011~2016年	95.80	96.76	1.55		96.21	94.58	
样本量（人）	1452	96.76	1.55		1083	369	

续表

项目	总体	地域视角			代次视角		
		城固县	宁强县	LR/T	第一代	第二代	LR/T
城镇住房用途							
工作需要	18.57	24.64	12.68		17.65	20.00	
结婚需要	17.14	20.29	14.08		17.65	16.36	
孩子上学	32.86	30.43	35.21		31.76	34.55	
父母养老	10.00	7.25	12.68	+	10.59	9.09	NS
投资	5.71	8.70	2.82		5.88	5.45	
大家都买了	5.71	1.45	5.63		2.35	5.45	
其他	5.71	7.25	16.90		14.12	9.09	
样本量（人）	140	69	71		85	55	

2. “农转非” 居民

超过半数的“农转非”居民的居住面积集中在 80～150m²，只有较少居民的居住面积小于 80m²，另有二成以上居民的居住面积大于 150m²。总体上看，“农转非”居民的平均居住面积较大，拥有较为宽阔舒适的居住环境（见图 5-3）。

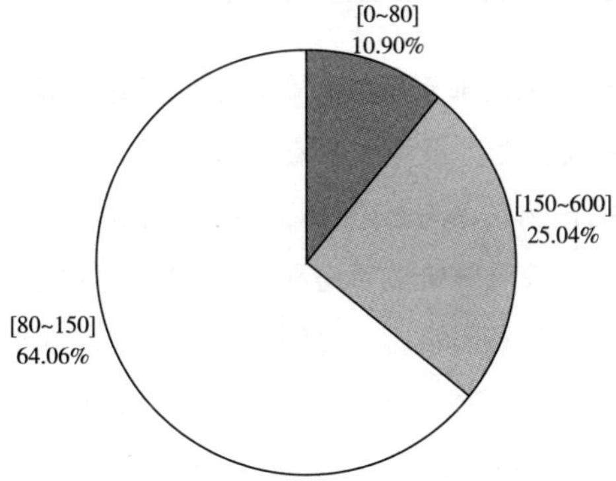

图 5-3　“农转非”居民住房面积分布（m²）

多视角下“农转非”居民的住房面积和住房花费差异的现状呈现不同的状态。在住房面积上，第一代“农转非”居民在 0～80m² 和 80～150m²

的比例上均低于第二代居民，而在 150~600m^2 的比例上要远高于第二代，只是差异并不显著。同时，男性“农转非”居民住房面积相较于女性，集中在 80~150m^2 的比例更高，而在 0~80m^2 和 150~600m^2 面积的比例上都要低于女性，且差异统计上也不显著。而在住房花费上，“农转非”居民存在性别差异，即女性住房花费要远高于男性，但第一代“农转非”居民与第二代“农转非”居民并无显著差异（见表 5-6）。

表 5-6　多视角下“农转非”居民住房面积和住房花费差异

单位：%

项目	总体	代次视角			性别视角		
		第一代	第二代	LR/T	男性	女性	LR/T
住房面积（m^2）							
[0~80]	10.90	9.58	11.84		10.42	10.90	
[80~150]	64.05	61.97	68.42	NS	67.18	61.68	NS
[150~600]	25.04	28.45	19.74		22.39	27.41	
样本量（人）	587	355	228		259	321	
住房花费							
均值（万）	15.06	15.32	14.65	NS	13.51	16.14	*
样本量（人）	577	345	228		253	318	

第一代与第二代“农转非”居民的住房设施及用途有所不同。由表 5-7 可知，“农转非”居民仅在洗澡设施上存在代际差异，表现为第二代“农转非”居民没有洗澡设施的比例要远高于第一代居民，而合用或者独用洗澡设施的比例要远低于第一代。而没有厕所、厨房和煤气/天然气/液化气的比例，第二代都要高于第一代；仅在没有网络这一比例上，第二代要低于第一代。在住房用途上，第二代“农转非”居民选择纯居住的比例也要高于第一代，差异同样不显著，在性别上这种差异仍然存在。女性独用或者合用网络的比例要高于男性，没有网络设施的比例低于男性，女性独用厕所以及洗澡设施的比例高于男性，而合用厕所的比例明显低于男性，女性相比男性更愿意拥有更多的安全空间。同样女性独立拥有厨房的比例要多于男性，这可能是由于女性在生活中通常自炊，对厨房设施的需求程度较男性来说更高（见表 5-7）。

表 5-7 代次视角下“农转非”居民住房设施及用途差异

单位：%

项目	总体	代次视角			性别视角		
		第一代	第二代	LR/T	男	女	LR/T
住房设施							
网络							
没有	29.89	30.28	29.86	NS	36.09	25.24	*
合用	27.36	26.91	28.05		26.52	27.76	
独用	42.75	42.81	42.08		37.39	47.00	
样本量（人）	552	327	221		230	317	
厕所							
没有	24.32	21.65	28.70	NS	22.75	24.92	***
合用	24.32	25.30	23.32		32.62	18.30	
独用	51.35	53.05	47.98		44.64	56.78	
样本量（人）	555	328	223		233	317	
厨房							
没有	24.86	22.77	28.38	NS	25.75	23.64	*
合用	24.68	25.85	23.42		30.47	20.45	
独用	50.45	51.38	48.20		43.78	55.91	
样本量（人）	551	325	222		233	313	
洗澡设施							
没有	29.32	25.00	36.16	*	28.63	29.65	*
合用	24.28	25.61	22.77		30.34	19.56	
独用	46.40	49.39	41.07		41.03	50.79	
样本量（人）	556	328	224		234	317	
煤气/天然气/液化气							
没有	35.55	33.56	38.10	NS	39.44	32.31	NS
有	64.45	66.44	61.90		60.56	67.69	
样本量（人）	512	298	210		213	294	

续表

项目	总体	代次视角			性别视角		
		第一代	第二代	LR/T	男	女	LR/T
住房用途							
居住/工作/他用	47.58	49.54	44.69	NS	42.86	51.09	NS
纯居住	52.42	50.46	55.31		57.14	48.91	
样本量（人）	557	327	226		231	321	

二 其他固定资产

在生产生活中，土地作为最主要的不动产生产要素，在促进财产性收入增长的过程中扮演着越来越重要的角色，对农业转移人口来说一直是不可或缺的。同时，发挥土地资源的最大效益，提高土地的使用效率和生产效率，可以有效提高土地保有者的收入水平。土地是农村居民以及“农转非”居民财产性收入的重要增长点，土地资产化对于从根本上促进个人财产性收入增长，提升其物质资本质量具有重要作用。因此，在物质资本核算时，我们将居民的土地情况纳入其中。

1. 农村居民

（1）土地收益情况

分析农村居民在农村老家所获得的土地收益、宅基地与农村集体资产的当前使用情况，可以综合掌握农村居民对农村资产的使用情况，有序推进农村居民市民化的可持续发展。

图 5-4 显示，城固县农村居民有 21.41%在土地上没有收益，25.35%的农村居民每年有低于 1000 元的收益，而更多数的农村居民收益在 1000 元到 10000 元之间，土地年收益在 10000 元以上的农村居民最少。由此可以看出，城固县农村居民虽然大部分仍拥有土地收益，但收益不高，不再单一依靠土地生存。

图 5-5 列出了宁强县农村居民土地收益情况，有四成的农村居民在土地上没有收益，35.15%的农村居民每年有低于 1000 元的收益，而收益在 1000 元到 10000 元之间的比例为 23.38，同时宁强县土地获得较高收益的人较城固县更少，收益在 10000 元以上的农村居民仅有 1.47%。

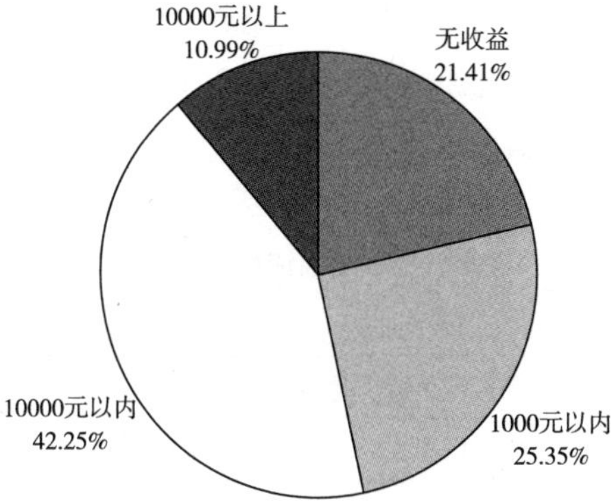

图 5-4　城固县农村居民土地收益情况

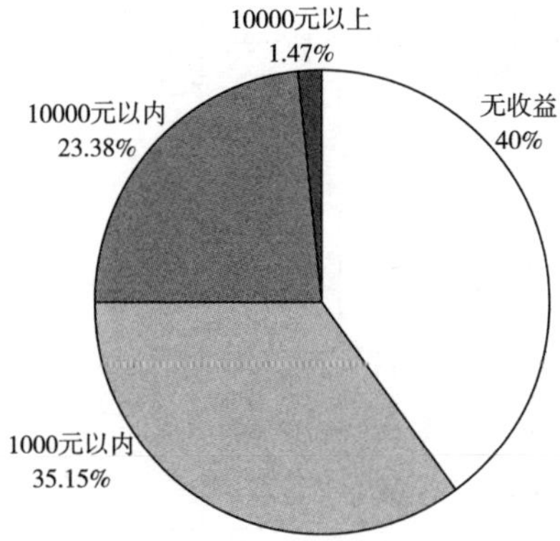

图 5-5　宁强县农村居民土地收益情况

对比两地，城固县农村居民的土地收益普遍较高，而宁强县有相当一部分农村居民没有土地收益。对于“靠地吃饭”的农村居民来说，没有土地收益意味着只能进城务工，相应的帮扶政策仍需进一步推出。

（2）承包地流转情况

就汉中市整体而言，绝大多数的农村居民没有参加过土地流转，有四成的农村居民不愿意参与土地流转。与实际行为相比，农村居民的土地流转意愿更高。城镇化的进一步推进，使得农村居民外出打工的意愿强烈，而只有通过流转，才可以更好地实现土地价值。

土地流转行为与意愿不同地区具有显著差异，宁强县没有参与过土地流转的人数显著高于城固县，而宁强县农村居民参与土地流转的意愿要显著高于城固县。由此表现出了地区土地流转意愿与行为的不一致。两代农村居民在土地流转行为和意愿上没有显著不同，但从分布来看，第二代农村居民较第一代农村居民更愿意参与土地流转（见表5-8）。

表5-8 承包地流转参与情况

单位：%

项目	总体	地域视角			代次视角		
		城固县	宁强县	LR/T	第一代	第二代	LR/T
近五年是否参与过流转							
流出	14.07	19.86	7.96	***	13.77	14.57	NS
流入	6.54	7.67	5.35		6.42	7.00	
否	79.38	72.47	86.69		79.81	78.43	
样本量（人）	1421	730	691		1060	357	
是否愿意参与流转							
愿意，不管流入和流出	43.39	38.74	48.33	**	42.56	45.94	NS
愿意流入	7.67	8.73	6.53		8.10	6.44	
愿意流出	7.17	6.68	7.69		7.34	6.16	
不愿意	41.00	45.16	36.57		41.24	40.62	
样本量（人）	1422	733	689		1062	357	

（3）农村集体资产使用情况

从集体资产的收益情况来看，多数农村居民的集体资产一直没有收益，还有近两成的居民处于“过去有，现在没有”的状态。集体资产的收益存在显著的地域差异，城固县农村居民较宁强县农村居民“一直没有收益”的比例更低。而两成的宁强县农村居民选择“过去有，现在没有”，其比例也更高。此外，第一代农村居民与第二代农村居民在集体资产收益上有明显的区别，第一代农村居民中“一直没有收益”的比例高于第二代农村居民，同时，第一代农村居民“过去有，现在没有”的比例略低于第二代农村居民（见表5-9）。

表 5-9 农村集体资产使用情况

单位：%

项目	总体	地域视角			代次视角		
		城固县	宁强县	LR/T	第一代	第二代	LR/T
农村集体资产收益情况							
一直没有收益	67.11	65.37	68.92	***	69.51	60.17	**
过去有，现在没有	18.81	17.52	20.14		17.8	21.75	
一直有收益	9.9	13.21	6.47		9	12.43	
其他	3.75	3.06	4.46		3.5	4.52	
样本量（人）	1414	719	695		1056	354	

注："其他"中主要包含了一些特殊情况等内容。

2."农转非"居民

（1）土地使用状况

对"农转非"居民来讲，三成以上的居民在"农转非"之后由其他家庭成员耕种其土地，三成居民选择自己耕种，极少数的居民自主选择了土地流转，一成左右的居民则将土地抛荒。土地有经济保障功能，户籍转换之后仍然保留耕地，在中国较为普遍。选择土地流转的"农转非"居民通过农村土地承包经营权流转所带来的收益超过七成都在 10000 元以内，其中近四成在土地流转过程中没有得到收益，这反映出土地流转市场价格偏低，应建立正式市场保护"农转非"居民土地收益权益。

对承包地的处置情况，男性与女性之间存在差别。近四成的女性选择将土地转由其他家庭成员耕种，而仅有近三成的男性选择将土地转由其他家庭成员耕种，与此同时，近四成男性选择自己耕种承包地，相比之下，不到三成女性选择自己耕种承包地。第一代和第二代"农转非"居民均有超过三成的居民选择由其他家庭成员耕种，第一代有三成以上的"农转非"居民选择自己耕种，略高于第二代"农转非"居民，土地在一定程度上仍被理解为具有保险功能和其乡土情结的维系（见表 5-10）。

表 5-10 农村承包地处置情况

单位：%

项目	总体	性别视角			代次视角		
		男性	女性	LR/T	第一代	第二代	LR/T
农村承包地处置情况							
其他家庭成员耕种	34.97	28.74	39.70	**	36.01	34.47	NS
自己耕种	30.90	37.01	26.27		32.13	28.94	
土地流转	2.38	2.36	2.39		1.66	3.40	
抛荒	10.02	9.84	10.15		9.42	10.64	
退让村集体	3.90	5.51	2.69		4.71	2.55	
征收	2.38	0.79	3.58		2.77	1.70	
其他	15.45	15.75	15.22		13.30	18.30	
样本量（人）	589	254	335		361	235	

（2）农村集体财产情况

“农转非”居民在农村老家拥有的农村资产及其对于该资产的看法，也会深刻影响其留城意愿。目前大部分的“农转非”居民认为，农村资产是其退回农村的一道保护屏障。

关于农村集体资产收益情况，近六成居民选择“一直没有收益”，在性别上则有较为显著的差异，女性表示“一直没有收益”的比例比男性多出八个百分点，可能是农村集体资产以户为单位发放，而户主普遍为家庭中的男性，所以导致了该现象的出现。第一代与第二代“农转非”居民都有六成左右的居民选择一直没有收益。说明城固县农村集体资产多数处于闲置，“农转非”居民并没有享受到其集体资产投入市场生产所带来的收益（见表 5-11）。

表 5-11 农村集体资产使用情况

单位：%

项目	总体	性别视角			代次视角		
		男性	女性	LR/T	第一代	新二代	LR/T
农村集体资产收益情况							
一直没有收益	59.77	55.00	63.20	+	58.52	61.96	NS

续表

项目	总体	性别视角			代次视角		
		男性	女性	LR/T	第一代	新二代	LR/T
过去有，现在没有	24.88	25.56	24.40	+	25.19	24.54	NS
一直有收益	15.35	19.44	12.40		16.30	13.50	
样本量（人）	430	180	250		270	163	

在拥有农村集体资产收益的“农转非”居民中，大多数居民的收益在10000元以内，约两成在10000~50000元，还有极少数的人收益在50000元以上，总体来说，“农转非”居民的农村集体资产收益并不乐观。有八成的第二代“农转非”居民在户籍转换之后，农村集体财产收益低于10000元。相比之下，有七成以上的第一代“农转非”居民在户籍转换之后，农村集体资产收益低于10000元，第二代“农转非”居民在集体资产收益方面低于第一代农村居民（见表5-12）。

表5-12　农村集体资产使用情况

单位：%

项目	总体	性别			代次视角		
		男性	女性	LR/T	第一代	新二代	LR/T
农村集体资产收益情况							
10000元以内	77.78	78.49	77.27	NS	75.37	81.72	NS
10000~50000元	20.89	20.43	21.21		22.39	18.28	
大于50000元	1.33	1.08	1.52		2.24	0	
样本量	225	93	132		134	93	

（3）宅基地处置

总体来看，六成“农转非”居民在户籍转换之后将原有住房荒废不进行处置，约一成“农转非”居民出售原有住房，选择将原有住房出租或者置换为城市住房的人群比例都超一成。住宅处置情况在性别和代次视角下均不具有显著差异（见表5-13）。

表 5-13 农村住宅处置情况

单位：%

项目	总体	性别视角			代次视角		
		男性	女性	LR/T	第一代	新二代	LR/T
农村住宅处置							
出售	9.64	10.81	8.7	NS	9.21	10.1	NS
荒废	60.24	63.06	57.97		58.55	63.64	
出租	16.06	18.02	14.49		17.11	14.14	
置换	14.06	8.11	18.84		15.13	12.12	
样本量（人）	249	111	138		152	99	

由表 5-14 可知，超过九成的居民在“农转非”之后农村宅基地使用权仍然保持现状，仅有 5%的居民选择上交集体，说明大多数居民在“农转非”之后仍然保留宅基地使用权，产权未发生改变，这可能是和现有法律规定对已退出农村户籍的“农转非”人群其农村宅基地收归村集体，但土地附着物采取自然灭失的处理方式有关。男性与女性对宅基地使用权的处理情况不存在显著差异，然而第一代农村居民与第二代农村居民对宅基地的处理方式是有区别的，选择保持现状的第二代农村居民比第一代农村居民多出四个百分点，这可能是由于第二代农村居民生活压力更大，并且较上一代人能够明显地意识到农村宅基地拥有的金融升值空间（见表 5-14）。

表 5-14 农村宅基地使用权情况

单位：%

项目	总体	性别			代次视角		
		男性	女性	LR/T	第一代	新二代	LR/T
农村宅基地使用权							
保持现状	94.92	93.17	96.37	NS	93.2	97.37	+
上交集体	5.08	6.83	3.63		6.8	2.63	
样本量（人）	354	161	193		206	152	

第三节　就业状况

以职业作为评测财富、声望与地位的纽带，通过测量农村居民的职业阶层，能够从微观视野窥探“农转非”居民群体内部的收入差距、地位差异、身份区别等不平等状况。职业流动状况，分析了农村居民在外出务工的职业生涯中，其整体就业情况有无变化、就业公平度有无改善，可以有效揭示农村居民当前的社会分化程度即分层现状，为预防社会结构紧张提供依据，为下一步农村居民就业工作的开展奠定坚实基础。

本节首先从静态分析了农村居民整体的职业阶层分布情况；然后，进一步从职业信息和职业获得分析其从乡村进入城镇、在城镇期间，其职业获取状况；最后，在现在职业进行过程中，从职业信息交流状况分析工作状况。

一　务工经历

农村劳动力的城乡迁移改变着农村劳动力的发展空间，而流动空间的开放会促进农村劳动力的能力发展。农村劳动力中有外出务工经历的个体不算少数，他们为了谋求工作机会走出乡村来到城市。在这期间获得的外出务工经验必然引起农村劳动力在思想观念、行为方式等方面的改变，也必然影响农村劳动力的新技能获得和行为。农村劳动力外出务工经历直接关系到再就业和个人发展，对社会和谐稳定发展的作用不言而喻。而“农转非”居民已经在城市定居，较少到居住地以外的其他城镇务工，因此在这里不做讨论。

1. 农村居民

从时间角度来度量农村居民的外出务工经历，主要包括初次外出打工年龄、外出务工年限、近一年外出务工月数和近一年在本县务工月数四个衡量指标，比较全面综合地反映了农村居民的外出务工情况。

从本次样本的分布情况来看，初次外出打工年龄呈现以下特征，18 岁以下外出务工的比例很低，18 岁到 27 岁之间的比例也不到一成，初次外出务工的年龄主要集中在 28 岁以上，平均年龄为 43.42。从外出务工年限来看，超过 11 年的基本占到三分之二，近三分之二的居民近一年都没有外出务工，在本县务工的平均月数也不到三个月，仅两成的农村居民近 12 个月内一半时间以上在外务工。

从区域方面来看，农村居民在初次外出务工年龄、平均外出务工年限方面的差异都是不显著的，而在近一年外出务工月数和在本县务工月数方面却呈现显著差异，可以初步认为，长期以来城固、宁强两县的外出务工趋势基本相同，但近年来又有明显区别。两代农村居民除了近一年在本县务工月数方面的差异不显著外，其他三方面的差异都是显著的。受年龄因素影响，在务工年限方面，第一代在超过11年的区间里的比重几乎是第二代的2倍（见表5-15）。

表5-15 农村居民外出务工经历

单位：%

项目	总体	区域视角			代次视角		
		城固县	宁强县	LR/T	第一代	第二代	LR/T
初次外出务工年龄							
18岁以下	0.07	0.13	0.00	NS	0.00	0.27	***
18~22岁	2.00	2.43	1.55		0.00	7.95	
23~27岁	5.79	5.40	6.19		0.00	23.01	
28岁以上	92.15	92.04	92.26		100.00	68.77	
均值	43.72	44.18	43.22	+	48.54	29.40	***
样本量（人）	1452	741	711		1093	365	
务工年限							
不足1年	11.64	9.85	13.50	NS	9.60	17.26	***
1~5年	18.73	20.78	16.60		14.13	32.33	
6~10年	9.09	10.53	7.59		7.85	12.88	
11年及以上	60.54	58.84	62.31		68.42	37.53	
均值	5.13	3.18	3.19	NS	3.35	2.71	***
样本量（人）	1452	741	711		1083	365	
近一年在外务工月数							
0	58.86	40.96	71.99	***	62.38	48.26	***
1~6	16.55	24.72	10.55		15.54	19.87	
7~12	24.59	34.32	17.46		22.07	31.86	
样本量（人）	1281	542	739		965	317	

续表

项目	总体	区域视角			代次视角		
		城固县	宁强县	LR/T	第一代	第二代	LR/T
近一年在本县务工月数							
均值	2.93	2.12	2.93	**	2.46	2.70	NS
标准差	4.45	4.08	4.45		4.25	4.38	
样本量（人）	1284	649	635		969	312	

二　求职渠道

我国经济持续快速发展和户籍制度松动的背景下，劳动力流动时空局限更加富有弹性。居民的求职渠道是影响就业质量的重要因素之一，目前“嵌入”城市劳动力市场的主要方式仍然主要依赖血缘、亲缘和地缘关系的初级社会关系网络。探讨居民的求职渠道，有助于揭示其所属的经济社会地位现状和城镇化进程中的制度供需矛盾，也可为引导人们高效高质就业和有序实现“市民化”提供帮助。

1. 农村居民

求职渠道即是指农村居民在外出务工阶段中通过何种方式找到工作，因为农村居民在个人受教育程度、社会关系和流动性方面呈现多样化的特点，所以在求职渠道方面也存在多种可能性，本书主要列出了可能存在的9种求职渠道。从图5-6中可以看出，汉中市农村居民主要通过亲戚、老乡，朋友、同事和熟人的介绍来找工作，这两种渠道占到了总数的六成以上。

城固和宁强两县的农村居民在外出务工的求职渠道方面存在差异，城固县农村居民通过招聘会和职业中介机构来找工作的比例明显高于宁强县。第一代农村居民与第二代农村居民在求职方式上也是存在差异的，第二代农村居民通过招聘会、职业中介机构以及刊登求职广告等正式渠道来找工作的比例明显高于第一代农村居民（见表5-16）。

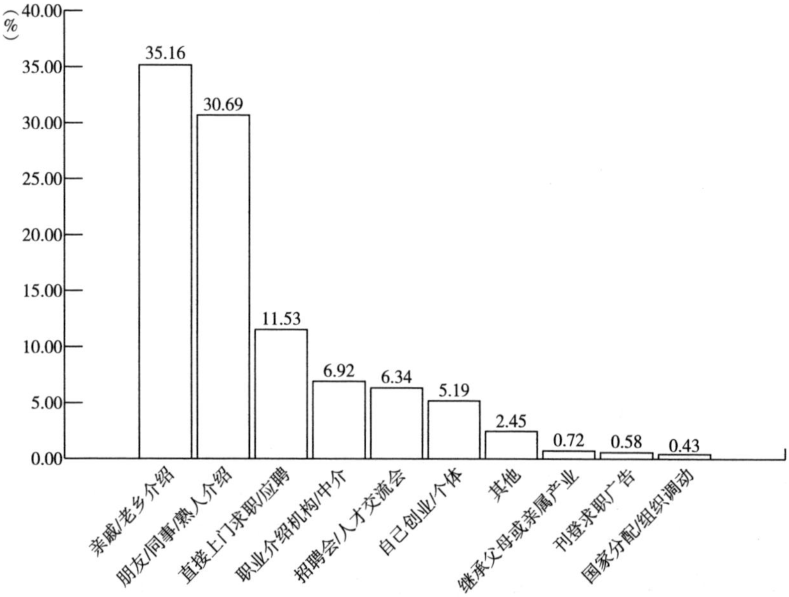

图 5-6 汉中市农村居民外出务工求职渠道情况

表 5-16 农村居民外出务工求职渠道

单位：%

项目	总体	区域视角			代次视角		
		城固县	宁强县	LR/T	第一代	第二代	LR/T
最后一次外出务工							
国家分配/组织调动	0.43	0.27	0.62		0.23	0.80	
招聘会/人才交流会	6.34	8.94	3.38		2.94	12.45	
职业介绍机构/中介	6.92	9.21	4.31		4.52	11.24	
继承父母或亲属产业	0.72	0.81	0.62		0.68	0.80	
亲戚/老乡介绍	35.16	35.50	34.77		38.91	27.71	
朋友/同事/熟人介绍	30.69	28.73	32.92	**	31.67	29.32	***
刊登求职广告	0.58	0.27	0.92		0.00	1.61	
直接上门求职/应聘	11.53	9.76	13.54		11.54	11.65	
自己创业/个体	5.19	5.15	5.23		6.33	3.21	
其他	2.45	1.36	3.69		3.17	1.20	
样本量（人）	694	369	325		442	249	

2.“农转非”居民

“农转非”居民“农转非”之后职业获取方式除其他以外主要偏向于朋友同事老乡介绍和自己创业，这反映了在求职中“农转非”居民倾向于运用自身的关系网络，寻求一种可靠且稳定的求职途径。通过直接上门求职和亲戚、老乡介绍的“农转非”居民也占据了较大比例，这些途径往往便于获取，并且具有较高的可靠性。通过刊登求职广告和中介的方式求职占比最少，均低于1%（见图5-7）。

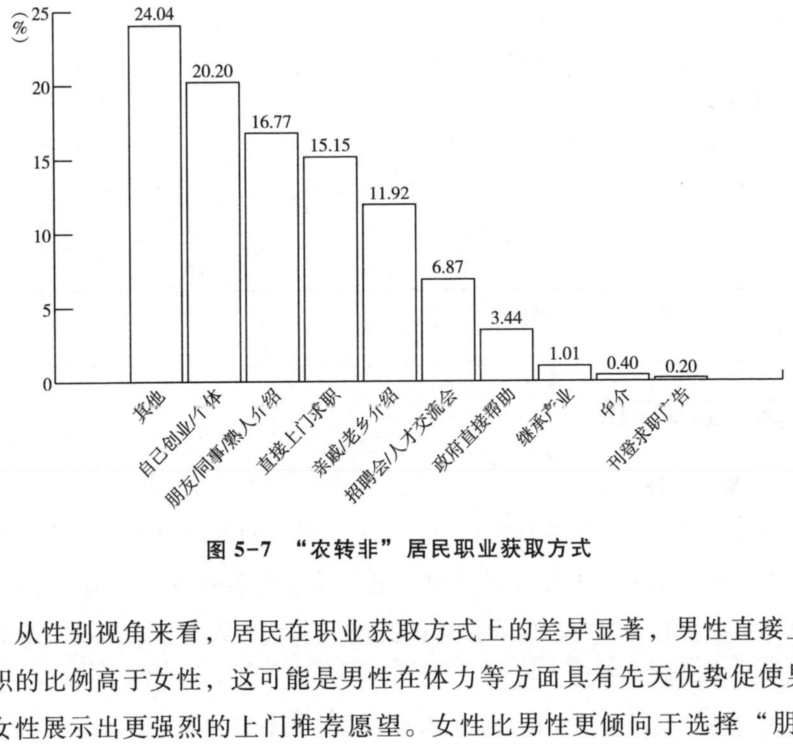

图5-7 “农转非”居民职业获取方式

从性别视角来看，居民在职业获取方式上的差异显著，男性直接上门求职的比例高于女性，这可能是男性在体力等方面具有先天优势促使男性比女性展示出更强烈的上门推荐愿望。女性比男性更倾向于选择“朋友/同事/熟人”介绍创业的方式。第一代“农转非”居民与第二代“农转非”居民在求职上也略有不同，第一代居民上门求职，朋友/同事/熟人引荐的比例更高。第二代居民职业获取方式更加多样，有近三成选择其他方式，这可能是由于随着网络的发展，年轻一代获取职业的方式更加多元、灵活（见表5-17）。

表 5-17 “农转非”居民职业获取方式

单位：%

项目	总体	性别视角			代次视角		
		男性	女性	LR/T	第一代	第二代	LR/T
职业获取方式							
政府直接帮助	3.44	4.11	2.90		2.33	4.98	
参加招聘会/人才交流会	6.87	5.48	7.97		4.33	10.95	
中介	0.40	0.00	0.72		0.33	0.50	
继承产业	1.01	1.83	0.36		1.33	0.50	
亲戚/老乡介绍	11.92	14.61	9.78		12.67	11.94	
朋友/同事/熟人介绍	16.77	15.98	17.39	*	17.00	15.92	*
刊登求职广告	0.20	0.00	0.36		0.33	0.00	
直接上门求职	15.15	20.09	11.23		16.33	13.43	
自己创业/个体	20.20	16.89	22.83		23.67	14.43	
其他	24.04	21.00	26.45		21.66	27.36	
样本量（人）	495	219	276		300	201	

注：其他中主要包含了一些特殊情况等内容。

三　职业阶层

1. 农村居民

有四成的农村居民从事农林渔业；三成的农村居民处于无业失业半失业状态；非技术工人占农村居民的一成，其余阶层所占的比例都比较低。从总体情况来看，汉中市的农村居民主要从事农业或是体力劳动，均处于较低的就业阶层（见图 5-8）。

农村居民职业阶层存在明显的区域差异。农林牧渔业人员中，城固县比宁强县高出近 20 个百分点，宁强县无业失业半失业人员的比例比城固县高出 13 个百分点，宁强县的普通公务员/办事人员的比例也明显高于城固县。第一代农村居民与第二代农村居民的职业阶层同样存在区别，第一代从事农林渔业的比例高达 47.42%，而第二代中只有 18.95%，这反映了新一代农村居民相比于上一辈从事传统农业的人数急剧下降，而在私营企业主、个体工商户、技术工人等职业阶层，第二代的比例明显高出第一代（见表 5-18）。

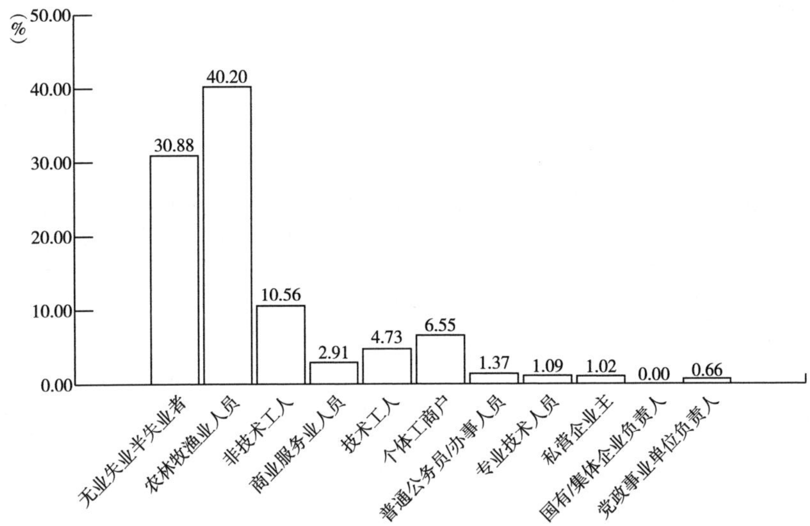

图 5-8　汉中市农村居民职业阶层分布情况

表 5-18　农村居民职业分层情况

单位：%

项目	总体	区域视角			代次视角		
		城固县	宁强县	LR/T	第一代	第二代	LR/T
农村职业阶层分布							
党政事业单位负责人	0.66	0.28	1.06		0.78	0.29	
国有/集体企业负责人	0.00	0.00	0.00		0.00	0.00	
私营企业主	1.02	0.70	1.36		0.58	2.33	
专业技术人员	1.09	0.98	1.21		1.17	0.87	
普通公务员/办事人员	1.38	0.56	2.27		1.07	2.04	
个体工商户	6.55	6.46	6.66	***	5.94	8.45	***
技术工人	4.73	5.62	3.78		4.09	6.71	
商业服务业人员	2.91	2.67	3.18		2.34	4.66	
非技术工人	10.56	8.71	12.56		10.42	10.79	
农林牧渔业人员	40.20	49.30	30.41		47.42	18.95	
无业失业半失业者	30.88	24.72	37.52		26.19	44.90	
样本量（人）	1373	712	661		1027	343	

2.“农转非”居民

从“农转非”居民当前职业类型分布能够看出其阶层结构，从事农林牧渔业人员占比两成，专业人员、技术工人、非技术工人代表的工人阶级超过21%，但是无业失业半失业者的占比也上升到了20.68%，无业半失业“农转非”居民较多。较多的居民处于不稳定的就业状态，非技术工人以及农林牧渔从业者等从事体力劳动的居民众多，限制了“农转非”居民的职业阶层提高（见图5-9）。

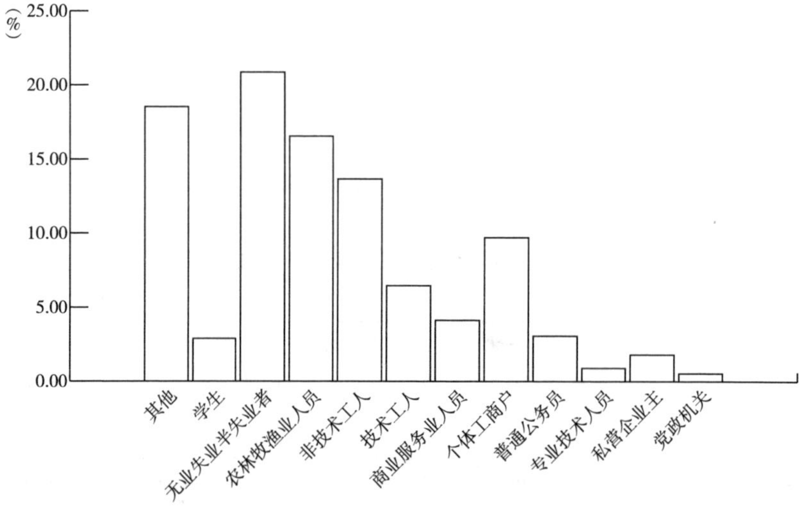

图5-9 “农转非”居民当前职业类型分布

男女居民在职业类型上的差异显著，男性中非技术工人显著高于女性，从事农林牧渔业人员的比例也高于女性，女性从事服务业的比例则高于男性。第一代“农转非”居民与第二代“农转非”居民在职业类型上存在差异，第二代居民从事农林牧渔业的比例明显低于第一代居民，从事技术性工作的人数较第一代居民有了提高，与此同时第二代居民无业比例更高。随着时代发展，年轻一代的受教育水平有了明显的提升，多样的职业替代了务农，成为第二代居民的选择。年轻一代就业类型更加多元灵活，也出现许多不确定性（见表5-19）。

表 5-19 “农转非”居民职业类型

单位：%

项目	总体	性别视角			代次视角		
		男性	女性	LR/T	第一代	第二代	LR/T
职业类型							
党政机关	0.9	0.78	1.01		0.87	0.92	
国企业	0.54	1.16	0.00		0.29	0.92	
私营企业主	1.80	2.71	1.01		2.33	0.92	
专业技术人员	0.90	0.78	1.01		0.58	1.38	
普通公务员	3.06	3.49	2.68		3.20	2.76	
个体工商户	9.71	8.53	10.74		10.76	7.83	
商业服务业人员	4.14	2.71	5.37	***	3.78	4.61	NS
技术工人	6.47	6.20	6.71		5.81	8.29	
非技术工人	13.67	16.67	11.07		13.08	14.75	
农林牧渔业人员	16.55	22.09	11.74		20.93	9.68	
无业失业半失业者	20.86	19.77	21.81		18.90	23.50	
学生	2.88	3.10	2.68		2.33	3.69	
其他	18.53	12.02	24.16		17.15	20.74	
样本量（人）	556	258	298		344	217	

四 就业满意度

就业满意度是居民对工作本身、报酬、工作环境等诸多因素的总体评价，被视为就业者对整个工作情境反应的一种感受。较高的就业满意度可以增强农村居民对城市的适应性。实现城镇化目标，其根本的动力在于城镇拉力，改善就业环境，提升就业满意度对改善生存状态、适应劳动者诉求，推动我国城镇化战略目标的最终实现都具有重要的意义。

1. 农村居民

总体上农村居民的就业满意度较低，逾六成的居民表示一般或者不太满意，表示农村居民的职业期待有待满足。城固和宁强两县在个人收入和职业满意度方面差异显著，城固县居民在个人收入方面觉得非常满意和比较满意的比例均高于宁强县。在职业工作方面，城固县居民满意度明显好于宁强县，城固县非常满意和比较满意的比例均高于宁强县。第一代与第二代农村居民对工作的满意程度不同，在个人收入方面，第一代在非常满意和比较满意区间的比例都高于第二代；在职业工作方面，第一代非常满意和比较满意的比例均高于第二代，同时第一代不太满意的比例也高于第二代（见表5-20）；在总体生活状况方面，第一代觉得非常满意和比较满意的比例高于第二代相应的比例。

表5-20 农村居民工作满意度

单位：%

项目	总体	区域视角			代次视角		
		城固县	宁强县	LR/T	第一代	第二代	LR/T
非常满意	3.37	4.23	2.51		3.54	2.91	
比较满意	21.57	25.66	17.43		24.21	13.66	
一般	32.87	32.07	33.68	**	27.76	48.26	***
不太满意	28.69	26.09	31.31		30.71	22.38	
很不满意	13.50	11.95	15.07		13.78	12.79	
样本量（人）	1363	686	677		1016	344	

2.“农转非”居民

在就业满意度方面，无论男性女性以及第二代和第一代“农转非”居民选择“一般”的比重最大，其次是对就业感到比较满意的比重。“农转非”居民在就业满意度上不具有性别和代际差异。值得注意的是，有近一成的女性和第二代“农转非”居民表示了对就业情况很不满意，可见，女性和新生代“农转非”居民在就业方面期望较高（见表5-21）。

表5-21 “农转非”居民就业满意度

单位：%

项目	总体	性别视角			代次视角		
		男性	女性	LR/T	第一代	第二代	LR/T
很不满意	5.67	3.57	7.14	NS	4.23	7.73	NS
不太满意	18.37	21.43	15.55		19.23	17.13	

续表

项目	总体	性别视角			代次视角		
		男性	女性	LR/T	第一代	第二代	LR/T
一般	45.58	47.45	44.54		44.23	47.51	
比较满意	26.08	22.96	28.57	NS	27.69	23.76	NS
非常满意	4.31	4.59	4.20		4.62	3.87	
样本量（人）	441	196	238		260	181	

第四节　小结

(1)“农转非”居民与农村居民的总体教育水平有所改善，两代居民教育结构也发生改变。调查显示，“农转非”居民与农村居民普遍接受过初中或者高中教育，教育层次较之前持平或略微提升。第二代居民的受教育程度远高于第一代居民，且年轻一代的居民接受高等教育的比例也大幅提高。随着社会的发展，高质量、可持续的城镇化推进需要多元立体的人力资本结构和较强的人力资本支持，受教育程度的提升将有利于居民适应社会生活和高质量就业。

(2) 受教育程度在性别与地区之间的差异仍然存在。一方面，女性的受教育程度高于男性，但随着时代的发展，两者的受教育程度的差异有缩小的趋势；另一方面，教育程度受地域的影响，不同地区的居民教育层次差异明显，经济发展较为繁荣的地区，居民的受教育程度也相对较高。

(3) 外出经历显著提升农村居民参与职业培训的比例。在经历外出务工后，不管“农转非”居民还是农村居民，职业培训比例均表现出提高的趋势。外出后激励的就业竞争，改变了居民参加技能培训的意愿，使参加技能培训的比例提升，越来越多的居民由此掌握了职业技能，成为其潜在的人力资本。

(4)“农转非”居民与农村居民居住环境总体上较为舒适。在不同地域和年龄层上的农村居民显示出一定差异。地区间的房屋面积、宅基地面积和房屋价值有所不同，这取决于当地自然资源禀赋以及经济发展水平，在购买城镇住房用途方面这种差异也仍然存在。农村居民中第二代居民具有城镇住房、期望购买城镇住房的比例明显高于第一代，第二代农村居民期望居住城镇的愿望更加强烈。

（5）农村土地及集体资产收益率较低，但保留土地及宅基地意愿较强。“农转非”居民户籍转换之前与农村居民土地收益及集体财产收益普遍较低，多数人选择“保留土地不流转”“宅基地荒废不处置”，当前的征地补偿政策仍存在一定的不足。缺乏非农产业工作技能的被征地农村居民能够找到就业岗位的不多，这给被征地农村居民留下了失业隐患，但在一定程度上促进了进城务工从而促进了城镇化。此外，“农转非”居民转户前对农村土地和宅基地的重视程度普遍较高，由于受到传统乡土观念的影响，其在土地和宅基地处置意愿上大部分选择不愿意放弃作为其身份“根基”的农村资产。出生于 1980 年以前的“农转非”居民在转户前对土地处置意愿相对保守，其对农村土地的重视程度显著高于转户前的“80 后”“农转非”居民，但转户前的“80 后”“农转非”居民对房产的保护意识更强，其希望保留农村宅基地和房产的比例更高。土地仍具有较强的保险功能，仍是乡土情节的纽带，土地流转市场价格过低，缺乏对土地收益的保护，这使得“农转非”居民在转户前保留土地的意愿十分强烈。

（6）不管“农转非”居民还是农村居民都倾向于向熟悉的关系网络求职，第二代居民比第一代居民在求职渠道上更加多样。在关系社会中，居民就业往往依靠亲朋好友的介绍，这种求职方式不仅成本较低而且相对便捷与诚信可靠，因此成为居民解决就业问题的首选方式。除此以外，招聘会等正式渠道也逐渐进入居民的视野当中，成为补充熟人介绍从而实现就业的方式之一。相比第一代居民，通过亲戚/老乡介绍获得当前职业的比例下降，而通过招聘会、职业中介机构以及刊登求职广告等正式渠道来找工作的比例明显高于第一代，这可能与新一代居民的受教育水平和对信息的掌握情况有关。

（7）“农转非”居民与农村居民的职业阶层总体偏低，内部存在性别、年龄以及区域差异。“农转非”居民与农村居民多数从事农业和非技术工作，甚至处于失业与半失业状态，其就业选择类型较为单一、阶层较低。在“农转非”居民中，男性非技术工人显著高于女性，从事农林牧渔业的人员比例高于女性。相比男性，女性更愿意从事服务等体力需求较低的行业。此外，第二代“农转非”居民较第一代从事技术性工作的人数更高。随着时代发展，年轻一代的教育水平有了明显的提升，就业类型更加多元、灵活。

(8)“农转非”居民与农村居民工作满意度总体水平偏低，城固县居民在个人收入、职业工作方面觉得非常满意和比较满意的比例均高于宁强县；相比第二代农村居民，第一代农村居民的工作满意度更高。就业分层上，农村居民通过外出务工，其职业阶层从“倒丁字型”逐步过渡到“烛台型”；从职业阶层流动来看，城固县农村居民在乡—城初次流动中获得的职业阶层提升效果更好，宁强县则在城—城流动中效果更好。

第六章
生活感受与未来发展意愿

居民对生活的感受可以通过对政策评价来衡量，政策评价也体现在生活的方方面面。关注农业转移人口对各项政策的感受与评价，将有利于优化农业转移人口的生活环境，进而改善民生。农业转移人口的市民化是学术界持续关注的领域，要真正实现市民化、城镇化，不仅需要政府相关政策的支持和引导，最终还需要通过农业转移人口的未来发展意愿体现出来。本章第一节论述农村居民及“农转非”居民的生活感知状况，分别描述两类群体对政策的评价和政策的需求，主要通过教育、社会保险、土地政策等来反映其真实的政策态度。第二节讨论农村居民及“农转非”居民未来发展意愿，分别通过定居意愿与未来生活预期反映居民在不同地区的社会融合问题。

第一节　生活感受

生活感受体现了居民对生活环境的认知与评价，换言之，生活感受在一定程度上是居民基于客观事实而产生的心理认同，其与社会生活、行动密切相关。生活感受蕴藏在社会制度、政策等与居民物质生活状况有关的一切事物当中。本书将生活感受分为政策评价与政策需求两个方面。政策评价主要集中关注子女教育以及社会保险参与情况等，体现了居民个人的生存权利意识与权利诉求，大部分居民要求自身可以得到国家对于自身生存和发展权利的保护，因此获得相关权利的态度倾向也是比较强烈的，政策需求主要集中关注社会保险、就业政策、环境政策、土地政策等制度的满意度。居民的生活感受通过他们对生活的满意程度来体现，反映了他们对生活环境的认知。总的来说，农业转移人口对生活与劳动就业、生活环境、潜在的发展机会以及可利用社会资源存量等客观经济物质条件产生的认知与评价，成为影响其进行迁入、定居、迁出某地域等决策的重要因素。

一　政策评价

农业转移人口在自身所处区域中对政府保障政策的参与情况直接影响了农业转移人口对所属地区的认同和依恋，从而影响居民的社会生活。教育、养老、医疗、就业等带有浓烈社会保障色彩的公共政策是农业转移人口关注的焦点。日常生活性的困难如教育、社会保险等因素如果得不到有效解决，一定程度上将会降低农业转移人口的生活满意程度。

1.“农转非”居民

图 6-1 和图 6-2 显示了“农转非”居民子女就读学校类型和教育现状的情况。可以看出，总体上，绝大部分的“农转非”居民子女就读于公立学校，极少数就读于私立学校。公立学校由于具有享受国家教育的优惠政策和收费较低、教育质量有所保证等优势，成为大多数居民子女教育的首选。在教育状况变化上，近一半的“农转非”居民子女教育状况变好，一些居民认为“农转非”后教育状况基本没变，极少数居民认为“农转非”后子女的教育状况反而变差了，此外有三成左右的居民暂无子女，不适用此题。一方面，由于经济发展水平等客观条件的限制，城乡教育以及东西

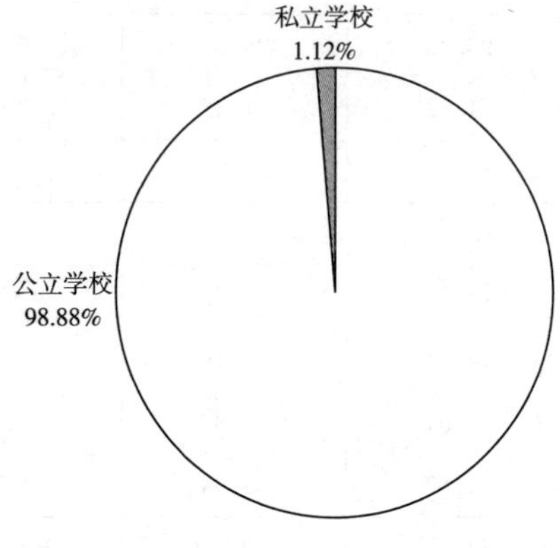

图 6-1　“农转非”居民子女就读学校类型

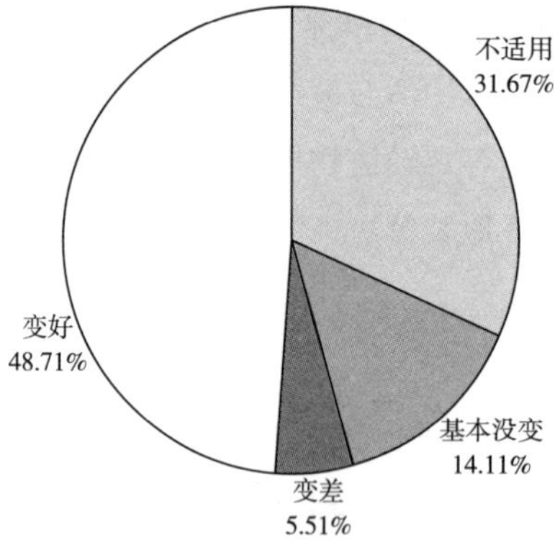

图 6-2 “农转非”居民子女教育现状

部教育存在着严重的地区差异；另一方面，让子女接受城市较好的教育是推动农业人口迁移的重要拉力，因此由乡村转移到城市的过程中，子女的教育状况得到了明显改善。

表 6-1 显示了代次视角下“农转非”居民子女就读学校类型和教育现状的情况。第一代与第二代“农转非”居民子女的就读学校和教育现状差异并不显著。

表 6-1 多视角下“农转非”居民子女就读学校和教育现状

单位：%

项目	总体	代次视角		
		第一代	第二代	LR/T
就读学校				
公立学校	98.88	98.65	99.24	NS
私立学校	1.12	1.35	0.76	
样本量（人）	356	223	132	
教育现状				
变好	48.71	51.00	45.18	NS
基本没变	14.11	15.19	12.72	
变差	5.51	4.87	6.58	
不适用	31.67	28.94	35.53	
样本量（人）	581	349	228	

2. 社会保险参与状况

（1）农村居民

整体而言，农村居民个人参加养老保险、医疗保险的比例近九成，参加工伤保险的比例不到一成，对于农村居民而言，医疗保险、养老保险与其生存状态密切相关，为生存质量提供了可靠的保障，农村居民往往会选择缴纳医疗、养老保险。新农保与新农合部分费用由农村居民自主承担，因此农村居民个人较为了解自身参保情况。参加工伤保险是有条件的，其参保主体为企业，农村居民需要拥有具体的工作单位，询问个人存在误差，因此参保率较低（见图 6-3）。

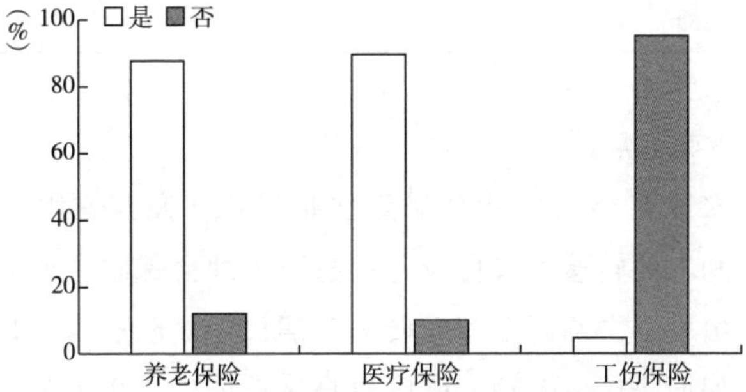

图 6-3　农村居民社会保险参与状况

不同地区社会保险的参与率差异明显，宁强县的农村居民养老保险参与率显著高于城固县。不同年龄段的个人养老保险、医疗保险的参与率均有差异。第一代农村居民的参保意识相比第二代更高，而第二代的参保意识较低，尤其对养老保险缺乏参保意识（见图 6-2）。

表 6-2　个人缴纳社会保险参与情况

单位：%

项目	总体	地域视角			代次视角		
		城固县	宁强县	LR/T	第一代	第二代	LR/T
养老保险							
是	87.74	83.84	91.83	***	92.40	73.59	***
否	12.04	15.73	8.17		7.60	25.52	
样本量（人）	1354	693	661		1013	337	

续表

项目	总体	地域视角			代次视角		
		城固县	宁强县	LR/T	第一代	第二代	LR/T
医疗保险							
是	89.66	88.60	90.77	NS	89.73	89.32	*
否	10.12	10.97	9.23		10.27	9.79	
样本量（人）	1354	693	661		1013	337	
工伤保险							
是	4.65	5.92	3.33	*	4.64	4.45	*
否	95.13	93.65	96.67		95.36	94.66	
样本量（人）	1354	693	661		1013	337	

（2）“农转非”居民

目前我国农业转移人口社会保险现状堪忧，究其原因主要来源于政府、用人单位和农业转移人口自身。目前我国社会保险主要问题为医疗保险难以保证。由于本次调研中“农转非”居民职业阶层与农村居民无明显差异，其工作偏向于体力劳动，所以对身体可能产生更大的压力。虽然目前国家在农村地区实行了农村医疗保险，且缴纳费用低、报销比例高，但是流动人口一般常年在外，新型农村合作医疗跨地域报销仍存在障碍。而绝大多数用工单位以其已经参加农村医疗保险为由，不缴纳医疗保险。与农村居民情况相同，“农转非”居民参加工伤保险是有条件的，其参保主体为企业，询问个人存在误差，因此参保率较低。

图 6-4 显示了“农转非”居民参加社会保险的总体情况。可知“农转非”居民参加养老和医疗保险的比例比较高；而参加工伤保险的人数超过一成，参加失业保险的比例约为一成，并且分别有不到一成的居民参加了生育保险和住房公积金；一成“农转非”居民拥有“五险一金”，比农村居民人数多。总体而言，医疗保险和养老保险在城固镇等中小城镇是普及程度较高的两个险种，但仍不能忽视相当一部分的“农转非”居民群体未参加这两类基本保险项目，究其原因可能是各类保险存在转移接续难、续缴费用高、保险范围不清等问题。各级政府应通过讲座等途径提高“农转

非”居民群体的参保意识，建立便民的缴费方式和优惠缴费金额，使基本社会保险切实成为落到实处的惠民利民项目。

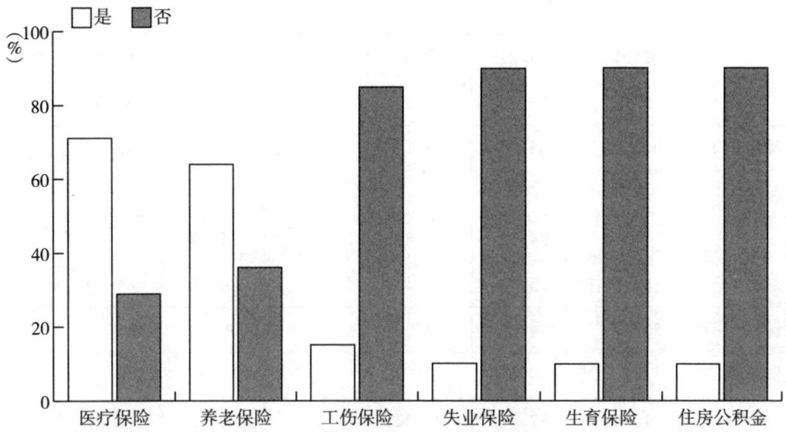

图 6-4 “农转非”居民社会保险参与状况

表 6-3 显示了多视角下“农转非”居民社会保险参与的状况。男性和女性仅在养老保险的参加比例上存在显著差异，表现为女性参加养老保险的比例要远高于男性。与此同时，第一代“农转非”居民参加养老保险的比例要远高于第二代，且差异显著；而第二代居民参加失业保险和住房公积金的比例要高于第一代，且差异显著。说明年长一代更关注自身养老，而年轻一代更关注工作和住房。而在工伤和生育保险的参加比例上，两代人之间差异不大且不显著。

表 6-3 多视角下“农转非”居民社会保险参与状况差异

单位：%

项目	总体	性别视角			代次视角		
		男性	女性	LR/T	第一代	第二代	LR/T
养老保险							
是	63.92	58.71	67.82	**	66.84	59.00	*
否	36.08	41.29	32.18		33.16	41.00	
样本量（人）	618	264	348		374	239	

续表

项目	总体	性别视角			代次视角		
		男性	女性	LR/T	第一代	第二代	LR/T
医疗保险							
是	71.13	73.21	69.63	NS	73.39	67.49	NS
否	28.87	26.79	30.37		26.61	32.51	
样本量（人）	620	265	349		372	243	
工伤保险							
是	15.11	84.02	85.89	NS	15.04	15.11	NS
否	84.89	15.98	14.11		84.96	84.89	
样本量（人）	569	244	319		339	225	
失业保险							
是	10.09	87.97	91.22	NS	8.33	12.95	+
否	89.91	12.03	8.78		91.67	87.05	
样本量（人）	565	241	319		336	224	
生育保险							
是	9.91	10.42	9.69	NS	9.55	10.67	NS
否	90.09	89.58	90.31		90.45	89.33	
样本量（人）	565	240	320		335	225	
住房公积金							
是	9.91	10.79	9.09	NS	9.19	14.16	NS
否	90.09	89.21	90.91		92.81	85.84	
样本量（人）	565	241	319		334	226	

二　政策需求

国家制定的政策往往经历从无到有，从不完善到完善的过程。政策的制定和完善要以人民的切实需求为依托，政策效应有效发挥也离不开对居民政策需求的研究和分析。准确认知居民对各项政策的需求程度，以明确居民对各类公共政策的偏好，以期为政策的制定、执行提供参考。政策需求在一定程度上能够反映居民对国家公共政策的满意程度，居民在所属区域生活的满意程度，也影响着居民对生活环境的认同感和归属感。本书的研究对象是“农转非”居民与农村居民，其政策需求具有一定的特殊性，就“农转非”居民来说，他们比较关注城镇的生活质量，因此我们着重考察与城镇生活密切相关的公共政策包括医疗、教育、就业、物价等等。农村居民的政策需求与“农转非”居民有所差异，农村居民政策需求的主要关注点在养老政策以及土地政策两个方面，了解两类居民对公共政策的满意度，制定和完善国家相关政策，增强政策的针对性和时效性，因人制宜地推动“农转非”居民以及农村居民生计状况的可持续改善。

1. 农村居民

农村居民的政策需求与“农转非”居民有所差异，农村居民主要关注点在养老政策以及土地政策等方面，通过对以上因素的研究可以较为准确地反映农村居民的切实利益。

养老方面，汉中市农业转移人口传统的养老观念有所淡化，认为购买养老保险和依靠自己存款是最理想养老方式的均超过了四分之一，多数“农转非”居民认为最理想的养老方式是购买养老保险。养老保险总体参与率比较高，几乎所有的农村居民和超过八成的“农转非”居民参加了至少一种养老保险。从城乡居民基本养老保险来看，农村居民的参保率达九成以上，这表明养老保险总体上较高的参保率主要得益于城乡居民基本养老保险的高覆盖率，而实际上，这类保险在中国城乡特别是农村已达到全面覆盖。

土地政策方面，分为土地确权政策、土地征收过程、征地补偿满意度以及失地农村居民帮扶四部分。首先，解决农村土地承包现实问题，维护农村居民土地权益，推进农村集体产权制度改革，发展适度规模经营的迫切需要的重要方式为土地承包经营权确权登记颁证。土地确权要做到稳定现有土地承包关系，依法合规地与经济组织成员民主协商，使其在现有法律法规和政策框架内得到有效解决；保护好农村居民、农村妇女等群体的合法权益，充分调动农村居民群众的积极性，变“要我确权”为“我要确权”。

就汉中市农村居民对土地确权政策的评价而言，约有四成的农村居民表示满意，另有四成的农村居民表示一般，评价为不满意的农村居民人数较少。总体来讲，汉中市农村居民对土地确权政策持中立态度。宁强县与城固县农村居民在土地政策满意度上存在显著差异，城固县农村居民对土地确权政策满意的比例远高于宁强县农村居民满意的比例，由此可以看出城固县的土地政策更为完善。第一代农村居民与新生代农村居民对土地政策的评价不具有显著差异（见表6-4）。

表 6-4 土地确权政策评价

单位：%

项目	总体	地域视角			代次视角		
		城固县	宁强县	LR/T	第一代	第二代	LR/T
土地确权政策评价							
满意	42.13	45.89	30.96	***	41.30	43.04	NS
一般	41.02	37.30	52.05		41.57	40.37	
不满意	16.85	16.81	16.99		17.14	16.60	
样本量（人）	1448	1083	365		741	711	

其次，随着我国经济的快速发展，城市化进程逐步加快，大量农村集体土地被征用。从我国现行土地征收政策来看，土地征收政策过程中各方利益群体矛盾尖锐，其中政府寻租现象屡见不鲜，征地程序不透明，征地补偿金额过低，这一系列的现实问题愈演愈烈，严重的社会问题在某种程度上已经显露。改变上述现状，充分顾及农村居民的切身利益，了解他们对征收政策的满意度，让土地征收政策在推进城市化进程加快经济发展方面发挥作用，无论对于公共政策实践和公共政策理论研究来说都是非常重要的课题。在我国目前的土地征收过程中，依旧存在着一些侵犯农村居民平等权的现象，如不平等的征地参与权。对于征收过程，城固县有近三成的农村居民表示满意，不满意的农村居民则达到四成以上；宁强县近两成的农村居民表示满意，不满意者达到五成以上。总体来看，两地农村居民对土地征收过程均不满意。相比之下，宁强县农村居民对土地征收过程的满意度更低。土地征收过程中农村居民平等权的实现需要包括实体权利上的平等和程序权利上的平等，既要明确农村居民在征地中的地位，也要充分保障农村居民平等的知情权。

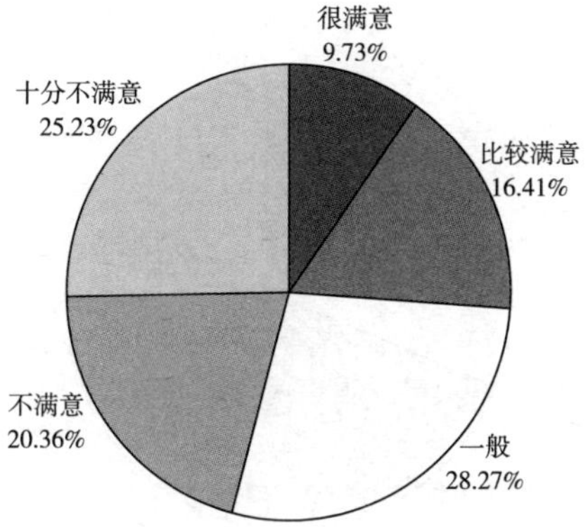

图 6-5　城固县农村居民对土地征收过程的满意度

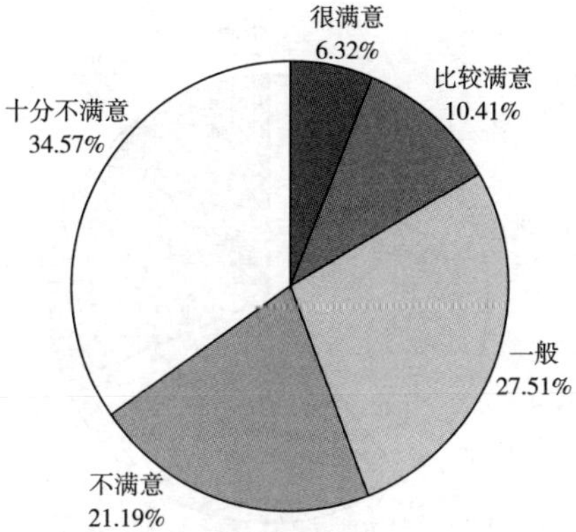

图 6-6　宁强县农村居民对土地征收过程的满意度

再次，在征地补偿中当前的征地补偿标准虽然在原来的基础上有所提高，但仍存在一定的不足。而且征地补偿项目仅包括直接的硬损失，而间接的软损失，即农用地长期的社保功能、农村居民对生活保障的心理预期、对土地增值的预期、对土地三十年承包经营准物权的谈判权利预期等方面的损失则没有包括在内。在对征收过程的满意度调查中，超过五成的城固县居民对于征收补偿结果不满意，接近七成的宁强县居民对征收补偿结果不满意，两个区域的群众不满意数均超过半数（见图 6-9、图 6-10）。从目前的现实来看，征地补偿结果达不到维持农村居民原有生活水平的目标。

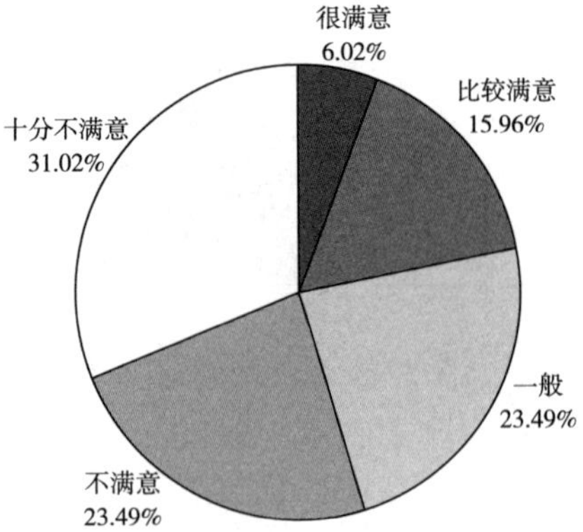

图 6-7　城固县农村居民对征地补偿结果的满意度

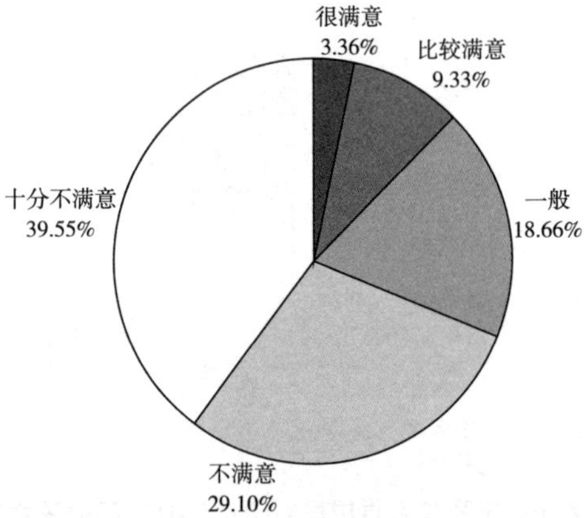

图 6-8　宁强县农村居民对征地补偿结果的满意度

最后，在对失地农村居民帮扶政策满意度的调查中，五成以上的城固县农村居民和近七成的宁强县农村居民均持不满意或十分不满意的态度（见图 6-9、图 6-10）。货币安置的帮扶政策，是一种生活指向性安排而非就业指向性安置，征地农村居民失去土地并得到置换土地使用权的生活安置费后，被动地被推向了劳动力市场。目前劳动力市场机制不健全、就业信息不通畅、简单劳动力卖方竞争过度，缺乏非农产业工作技能的被征地农村居民能够找到就业岗位的不多，失业隐患由此产生。此外，货币安置没有与社会保障制度同步衔接，也没有考虑失地农村居民眼前的生活安排，失地农村居民只能完全靠自己的力量去解决社会保障方面的问题。

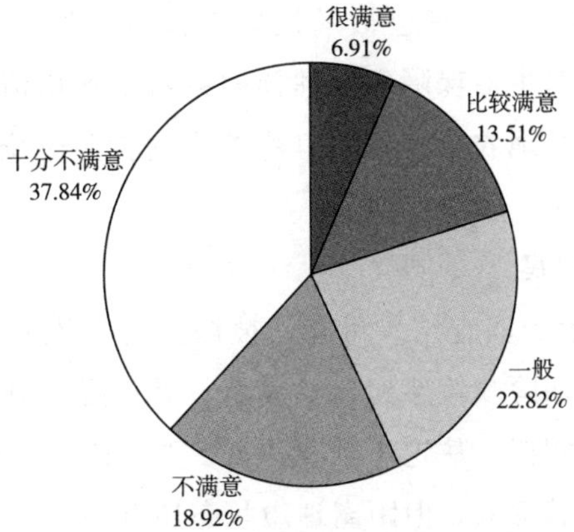

图 6-9　城固县农村居民对失地农村居民帮扶政策满意度

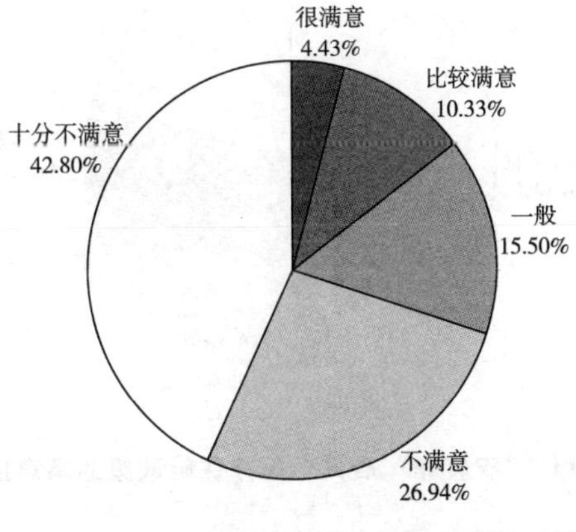

图 6-10　宁强县农村居民对失地农村居民帮扶政策满意度

接近半数的农村居民的土地收益在 1000 元到 10000 元之间，然而也有相当一部分农村居民没有土地收益，其中宁强县四成农村居民没有收益。对比城固县与宁强县两地，宁强县的农村居民土地收益普遍较低，对于“靠地吃饭”的农村居民来说，没有土地收益意味着只能进城务工，相应的帮扶政策仍需进一步加强。在土地征收上，近三成的城固县农村居民具有土地征收经历，三成以上的宁强县农村居民有过土地征收经历，接近一半的城固县和宁强县农村居民经历过土地征收，而两地人口对土地征收过程与征收结果的满意度均不高，当前的征地补偿政策仍有较大的改进和提升空间。征地补偿项目没有包括间接的软损失，如农用地长期的社保功能、农业转移人口对生活保障的心理预期或对土地增值的预期。缺乏非农产业工作技能的被征地农业转移人口能够找到就业岗位的不多，这给被征地农业转移人口带来了失业风险。

2.“农转非”居民

由图 6-11 显示的调查结果可知，被调查的“农转非”居民中，多数居民对目前的医疗保险政策感到比较满意，其次是感到一般的居民，不太满意与非常不满意相似。从这个数据来看，“农转非”居民对养老保险政策总体上还是比较满意的，但距离理想状态还有一定的差距。

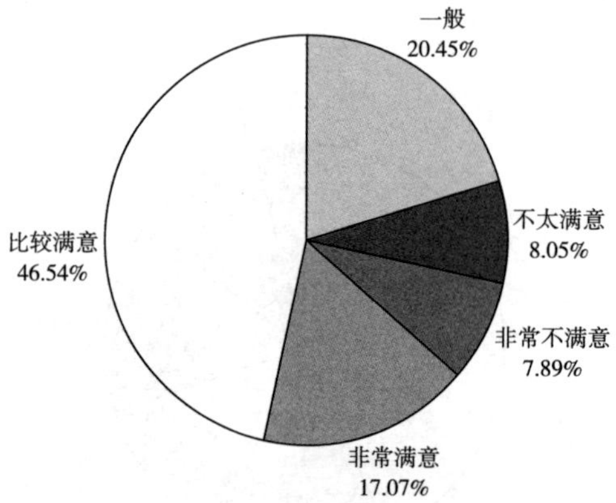

图 6-11 “农转非”居民对医疗保险政策的满意度情况

“农转非”居民对目前的失业保险政策感到非常满意的人数仅仅不到一成，一成以上表示比较满意，多数“农转非”居民对失业保险政策感到一般甚至不太满意，非常不满意的占一成。从这个数据来看，“农转非”居民对失业保险政策的满意度并不乐观（见图 6-12）。

“农转非”居民对物价政策的满意度，表示非常满意的最少，感到一般的所占比重最大，其次是不太满意的，绝大多数居民均选择感觉一般或

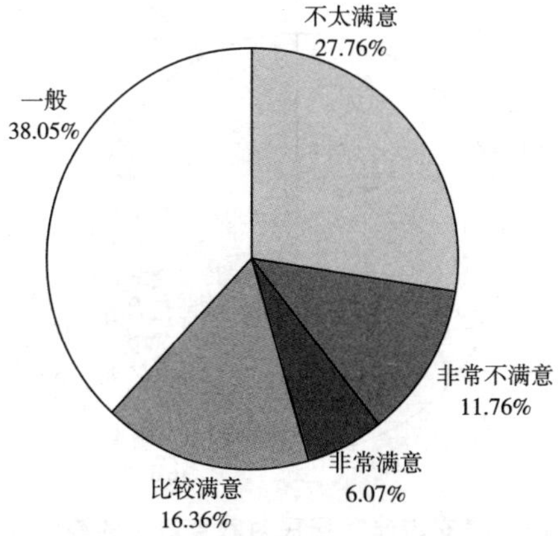

图 6-12 “农转非”居民对失业保险政策的满意度情况

不太满意。除此以外，持非常不满意意见的居民也不容忽视。“农转非”居民对物价政策的满意度不好（见图 6-13）。

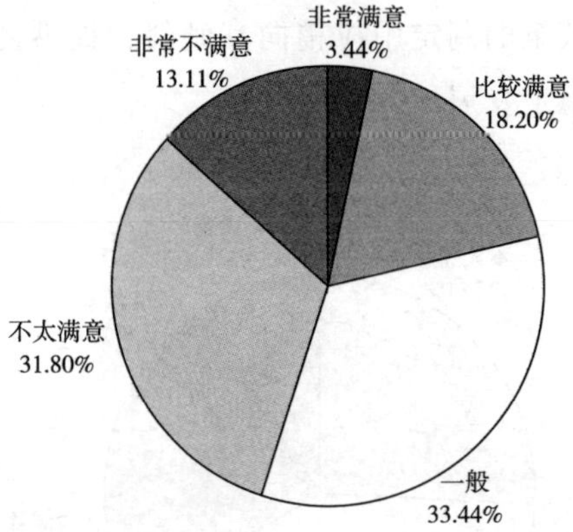

图 6-13 “农转非”居民对物价政策的满意度情况

图 6-14 反映了被调查的“农转非”居民对教育政策的满意度情况，从调查结果来看，感到比较满意的所占比重最大，占到近一半，持非常不满意意见的人数极少。从这个结果来看，“农转非”居民在教育政策上的满意度比较高，体现了“农转非”居民对国家教育投入的感知程度较高，侧面肯定了城镇的教育质量和教育投入。

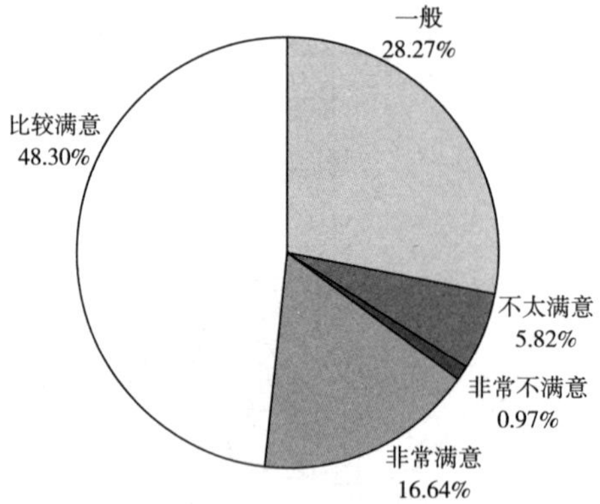

图 6-14 “农转非”居民对教育政策的满意度情况

从图 6-15 来看，“农转非”居民中对目前的就业政策感到非常满意的人数最少，感觉一般的所占比重最大，不太满意和非常不满意的比重都比较高，这说明“农转非”居民整体上对就业政策不是很满意，“农转非”居民在城镇就业中可能处于劣势，不能很好地享受国家对居民就业的扶持政策，在今后就业政策的制定中应稍向其倾斜，提供良好的就业机会，将有利于社会经济的稳定发展。

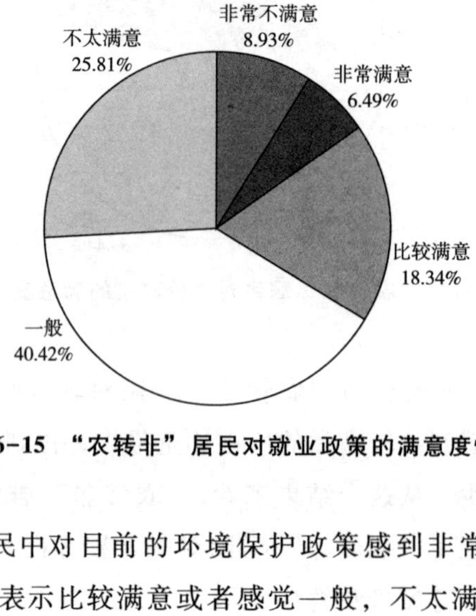

图 6-15 “农转非”居民对就业政策的满意度情况

“农转非”居民中对目前的环境保护政策感到非常满意的有近两成，超过一半以上的人表示比较满意或者感觉一般，不太满意与非常不满意的约有一成。比较满意所占的比重最大，比较满意和非常满意的比重之和超过一半，“农转非”居民对环境保护政策的满意度较高（见图 6-16）。

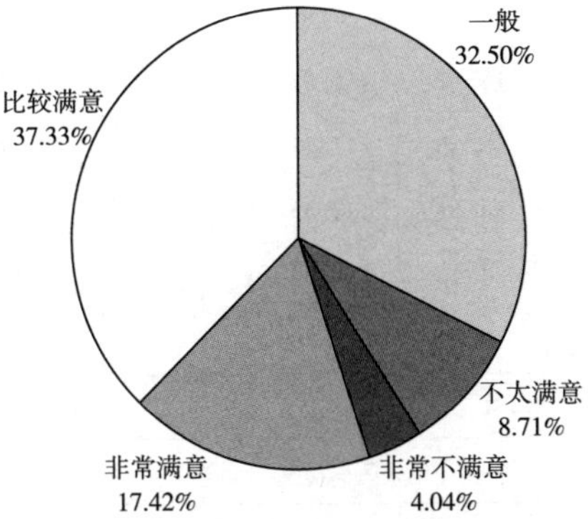

图 6-16 “农转非”居民对环境保护政策的满意度情况

表 6-5 分析了“农转非”居民对各个政策满意度情况的代次差异和性别差异。第一代居民和第二代居民在对物价政策的满意度上有显著差异。在物价政策方面表现出明显的代次差异，第一代“农转非”居民感觉“一般”的比例明显高于第一代。在对其他政策的满意度方面，第一代“农转非”居民和第二代“农转非”居民没有表现出明显的差异，“农转非”居民在对不同政策的满意度上均没有性别差异。

表 6-5 “农转非”居民对居住地公共政策评价情况

项目	总体	代次视角			性别视角		
		第一代	第二代	LR/T	男性	女性	LR/T
物价政策							
非常满意	3.44	3.23	3.86		2.99	3.56	
比较满意	18.21	17.20	19.31		19.03	16.91	
一般	33.44	38.98	24.46	**	33.58	33.83	NS
不太满意	31.80	30.38	34.33		32.84	31.45	
非常不满意	13.11	10.22	18.03		11.57	14.24	
样本量（人）	610	373	233		268	337	

续表

项目	总体	代次视角			性别视角		
		第一代	第二代	LR/T	男性	女性	LR/T
教育政策							
非常满意	16.64	17.32	15.88	NS	20.52	13.26	+
比较满意	48.30	48.56	47.21		47.76	48.99	
一般	28.27	28.61	28.33		25.75	30.26	
不太满意	5.82	4.46	7.73		5.60	6.05	
非常不满意	0.97	1.05	0.86		0.37	1.44	
样本量（人）	619	381	233		268	347	
就业政策							
非常满意	6.49	6.15	7.17	NS	6.06	6.86	NS
比较满意	18.34	15.24	22.78		18.18	18.57	
一般	40.42	42.25	37.97		39.39	41.14	
不太满意	25.81	26.47	24.47		25.76	26.00	
非常不满意	8.93	9.89	7.59		10.61	7.43	
样本量（人）	616	374	237		264	350	
养老保险政策							
非常满意	18.27	17.8	19.35	NS	17.52	19.10	NS
比较满意	36.54	37.43	34.27		38.69	34.83	
一般	24.88	23.82	27.02		25.91	23.88	
不太满意	16.54	16.75	16.13		14.60	17.98	
非常不满意	3.78	4.19	3.23		3.28	4.21	
样本量（人）	635	382	248		274	356	
环境保护政策							
非常满意	17.42	18.6	15.54	NS	18.05	16.90	NS
比较满意	37.33	37.21	37.85		35.38	38.78	
一般	32.50	33.07	31.47		35.02	30.47	
不太满意	8.71	8.27	9.16		9.03	8.59	
非常不满意	4.04	2.84	5.98		2.53	5.26	
样本量（人）	643	387	251		277	361	

续表

项目	总体	代次视角			性别视角		
		第一代	第二代	LR/T	男性	女性	LR/T
医疗保险							
非常满意	17.07	18.5	15.23		15.41	18.23	
比较满意	46.54	46.92	45.27		47.74	45.58	
一般	20.45	18.77	23.46	NS	18.42	22.22	NS
不太满意	8.05	6.97	9.47		9.40	6.84	
非常不满意	7.89	8.85	6.58		9.02	7.12	
样本量（人）	621	373	243		266	351	
失业保险							
非常满意	6.07	7.10	4.65		5.93	6.21	
比较满意	16.36	15.43	17.21		16.95	16.01	
一般	38.05	36.73	40.47	NS	40.25	36.27	NS
不太满意	27.76	30.25	23.72		25.42	29.41	
非常不满意	11.76	10.49	13.95		11.44	12.09	
样本量（人）	544	324	215		236	306	

第二节　未来发展意愿

一　定居意愿

近年来，城市社会融入等相关问题已引起政府、公众及学者的高度关注。党的十八大以来，习近平指出新型城镇化要坚持以“人的城镇化”为核心，更加注重提高户籍人口城镇化率，但要在政府相关政策的支持和引导下，最终还要通过农业转移人口的“去留”选择体现市民化、城镇化。由于“农转非”居民已经实施了城市定居的行为，实现了身份、户籍的转化，因此，在这里我们仅分析农村居民的定居意愿

1. 农村居民

总体来讲，农村居民愿意定居在老家农村的占到一半，愿意定居在老家所在乡镇的占近两成，愿意定居在老家所在县城的有一成，愿意定居在老家所在市区的不到一成，更多人偏向于定居老家农村，这符合当前就近就地城镇化模式的特点。

定居意愿存在显著的地域差异。由于两地城镇化水平的进程不同，城固县农村居民比宁强县农村居民有更加强烈的意愿定居在老家农村，而宁强县农村居民有更强烈的意愿定居在老家所在乡镇或县城。城固县农村建设相对更加完善，基础设施与生活环境更加优越，因而农村居民更愿意留在农村居住。此外，第一代农村居民中愿意定居在老家的约占六成，第二代农村居民则仅有三成。第二代农村居民比第一代有更强烈的意愿定居城市，而老一代农村居民身上落叶归根情节和离土不离乡的情节更重一些（见图 6-6）。同时，通过分析城固县与宁强县的婚姻情况，发现已婚者定居老家的意愿比未婚者更加强烈。已婚者相比未婚者更愿意留在老家农村或老家所在乡镇，已婚者由于家庭已经稳定，定居老家的意愿比未婚者更加强烈。

表 6-6 农村居民未来定居意愿

单位：%

项目	总体	地域视角			代次视角		
		城固县	宁强县	LR/T	第一代	第二代	LR/T
定居意愿							
老家农村	50.96	52.77	49.09		57.71	31.23	
老家所在乡镇	18.94	15.79	22.22		18.37	20.55	
老家所在县城	10.81	7.69	14.06	***	8.49	17.26	***
老家所在市区	4.48	5.53	3.38		3.32	7.95	
其他	14.81	18.22	11.25		12.10	23.01	
样本量（人）	1452	741	711		1083	365	

注："其他"中包含有"到其他大城市（地级及以上城市）""到其他中小城镇（县/乡/镇）""没考虑过，还没想法"等内容。

二　生活状况预期

在传统发展观念中，物质增长和特定资源的占有成为衡量个体福利的主要指标，而可持续发展逐渐将发展的视野转移到物质性福利之外仍需追求精神福利的提高。生活状况预期源于人们对自我生活的主观评价，它不仅关注人们的物质福利，同时涵盖了与主观生活感受有关的指标。在本书中，未来生活预期是居民在目前生活状况的基础上，根据社会发展等一系列外在条件所形成的对未来生活状况的一种预计，它一定层面上也反映了居民目前的生活心态。Todaro M. P（1969）的“预期收入”模型认为，农村劳动力向城市转移的决策是根据“预期收入”最大化目标做出的，这种决策主要依据城乡实际工资表现出的差距与农村劳动力在城市能够找到就业岗位的概率。在新型城镇化背景下，城市就业的机会成本增加，但是城市的教育、交通、住房等生活成本也逐年提高，城市生活影响了居民对未来生活的预期，外出就业行为也随之产生。总体上是询问被访者“您觉得未来生活质量会持续提高吗?”，生存状况预期是从“生活质量提高”“社会淘汰感”“接受变故能力”“收入增长预期”“子女发展”“家庭建设规划”“金融资金安排”七方面询问。

1. 农村居民

汉中市所有样本的情况与两个调研地的总体情况较为类似。从整体情况来看，有八成多的农村居民认为未来生活质量会变好，生活会值得期待，约有近一成的农村居民认为未来生活质量不差也不会好，其余的样本认为未来生活质量会差一些（见图6-17、表6-7）。

在城固县的样本中，总体来说，约有近九成的人对未来的生活质量保持积极乐观的态度，极少数的农村居民认为未来的生活质量并不会变好，还有近一成的人对未来生活质量保持中立态度。在宁强县约有八成的人对未来的生活质量保持积极乐观的态度，约有7%的农村居民认为未来的生活质量并不会变好，还有一成的人对未来生活质量保持中立态度。代次和性别的分布结果显示均没有明显的差异，其中第一代比第二代对自己未来生活质量乐观的比例都为八成以上，女性比男性对未来生活抱有更大信心，但不具有统计上的显著差异。

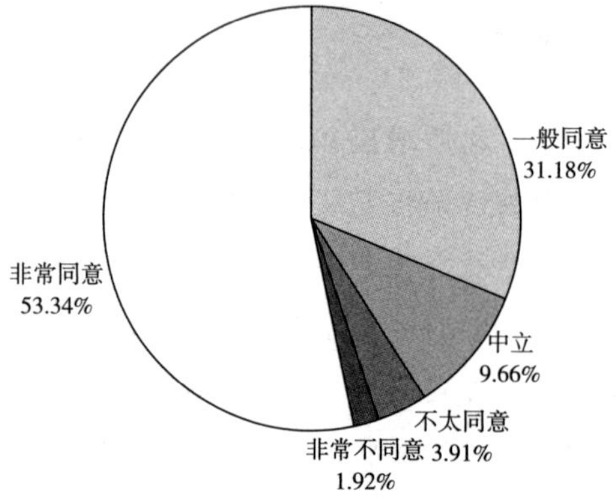

图 6-17 农村居民未来生活状况预期

表 6-7 农村居民未来总体生活质量预期

单位：%

项目	总体	代次视角			性别		
		第一代	第二代	LR/T	男	女	LR/T
未来生活质量							
非常同意	53.34	52.72	55.15	NS	50.61	55.21	NS
一般同意	31.18	31.74	29.53		31.2	31.23	
中立	9.66	9.53	10.03		11.27	8.47	
不太同意	3.91	3.81	4.18		4.51	3.51	
非常不同意	1.92	2.19	1.11		2.43	1.57	
样本量（人）	1413	1052	361		577	826	

从汉中市整体情况来看，代次之间对某些事件存在显著的差异，如是不是有被社会淘汰的感觉、家庭金融资金的安排。其中，第二代农村居民显著高于第一代农村居民的有是否认同生活会更好，第一代农村居民会有较强的社会淘汰感，第二代农村居民对未来收入乐观心态更强一些，对于金融资金的安排，第一代农村居民更有金融资金安排的意识，大约占到六成左右。对于未来收入是否增长的预期、子女是否会有比自己更好的发展和对金融资金的安排等有着显著的差异，并且，有过流动经历的农村居民有安排的比例更高。宁强县调研区域数据显示，在对生活会更好的看法、

有无社会淘汰感、收入增长预期、子女发展情况、家庭发展规划预期和金融资金安排等方面，第一代农村居民和第二代农村居民不存在显著差异。值得关注的是，第二代农村居民态度更为乐观，社会融入能力更强；将是否曾经外出作为视角，我们发现是否外出务工对于接受变故能力、子女发展和金融资金安排方面产生了明显的差异，并且有过外出经历的人对未来收入的增长更有信心，对未来生活抱有十分乐观的态度。流动经历增加了这部分人群的就业资本，由此引致了这种乐观心理态度的产生。

对于未来生计状况的预期，男性和女性对某些事件的预期和感知存在显著的差异，如未来生活质量提高和子女发展，其中社会淘汰感中，女性有较少的比例认为自己会被社会淘汰。对于未来收入增长的预期男性普遍高于女性（见表6-8）。

表6-8　农村居民对未来生计状况的预期

单位：%

项目	总体	代次视角			性别视角		
		第一代	第二代	LR/T	男性	女性	LR/T
生活质量提高							
非常同意	52.55	52.81	51.80	NS	47.63	56.00	*
一般同意	35.13	34.55	36.84		37.63	33.33	
中立	7.63	7.96	6.65		9.83	6.12	
不太同意	4.48	4.40	4.71		4.75	4.32	
非常不同意	0.21	0.28	0		0.17	0.24	
样本量（人）	1429	1068	361		590	834	
社会淘汰感							
非常同意	18.01	18.61	16.25	+	18.52	17.76	NS
一般同意	27.87	28.87	24.93		28.64	27.37	
中立	20.07	18.61	24.37		20.24	19.83	
不太同意	22.62	21.94	24.65		21.78	23.11	
非常不同意	11.42	11.97	9.8		10.81	11.92	
样本量（人）	1410	1053	357		583	822	

续表

项目	总体	代次视角			性别视角		
		第一代	第二代	LR/T	男性	女性	LR/T
接受变故能力							
非常同意	21.62	21.76	21.23		20.69	22.17	
一般同意	42.96	43.03	42.74		46.38	40.8	
中立	23.54	23.47	23.74	NS	22.93	24.00	NS
不太同意	10.1	9.73	11.17		8.97	10.72	
非常不同意	1.78	2.00	1.12		1.03	2.31	
样本量（人）	1406	1048	358		580	821	
收入增长预期							
非常同意	11.68	12.08	10.5		11.51	11.86	
一般同意	24.35	23.69	26.24		24.74	23.85	
中立	42.18	41.48	44.20	NS	39.35	44.31	NS
不太同意	16.35	16.84	14.92		17.53	15.50	
非常不同意	5.45	5.90	4.14		6.87	4.48	
样本量（人）	1413	1051	362		582	826	
子女发展							
非常同意	68.40	67.86	70.03		63.87	71.51	
一般同意	25.26	25.47	24.65		27.23	23.92	
中立	5.00	5.17	4.48	NS	7.19	3.49	**
不太同意	0.84	0.94	0.56		0.86	0.84	
非常不同意	0.49	0.56	0.28		0.86	0.24	
样本量（人）	1421	1064	357		584	832	
家庭发展规划							
非常同意	34.23	35.10	31.67		32.88	35.39	
一般同意	39.46	38.14	43.33		39.73	38.91	
中立	15.84	16.03	15.28	NS	18.15	14.3	NS
不太同意	8.20	8.16	8.33		7.53	8.73	
非常不同意	2.26	2.56	1.39		1.71	2.67	
样本量（人）	1414	1054	360		584	825	

续表

项目	总体	代次视角			性别视角		
		第一代	第二代	LR/T	男性	女性	LR/T
金融资金安排							
非常同意	25.8	26.67	23.25	**	26.16	25.70	NS
一般同意	37.38	37.43	37.25		37.87	36.91	
中立	23.17	21.05	29.41		22.38	23.63	
不太同意	10.31	11.52	6.72		10.50	10.23	
非常不同意	3.34	3.33	3.36		3.10	3.53	
样本量（人）	1407	1050	357		581	821	

2.“农转非”居民

有一成以上的“农转非”居民表示非常同意“未来生活质量会提高”，约八成表示一般同意或是保持中立的态度，极少数表示不太同意或者非常不同意。多数“农转非”居民对未来生活质量的提高持乐观的态度（见图 6-18）。

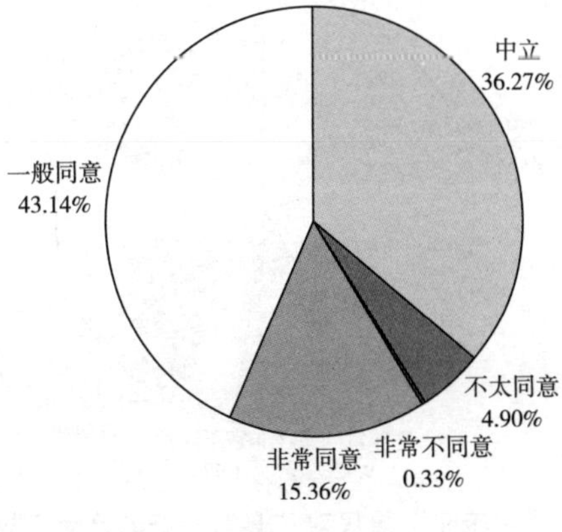

图 6-18　“农转非”居民对“未来生活质量会提高”观点的认同情况

有一成以上的“农转非”居民表示非常同意“有被社会淘汰的感觉”，一半以上表示一般同意或是保持中立的态度，约三成表示不太同意或者非常不同意，表明“农转非”居民在当前激烈的竞争中具有危机意识，感知能力较强（见图 6-19）。

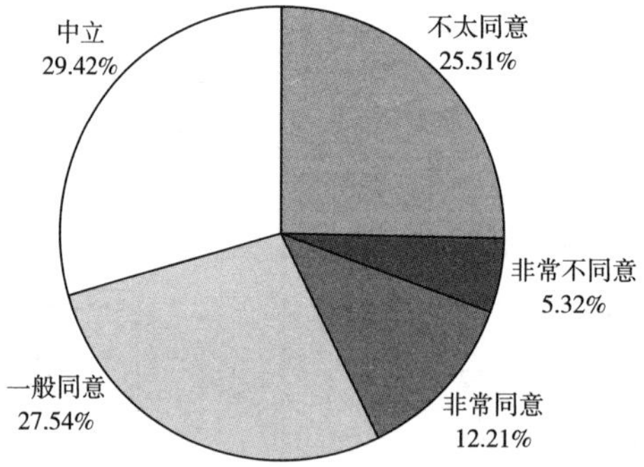

图 6-19　“农转非”居民对“有被社会淘汰的感觉”观点的认同情况

约一成的“农转非”居民表示非常同意“具有较好的接受变故的能力”，约八成表示一般同意或是保持中立的态度，约一成表示不太同意或者非常不同意。从这个结果来看，多数的“农转非”居民对自己接受变故的能力比较自信（见图 6-20）。

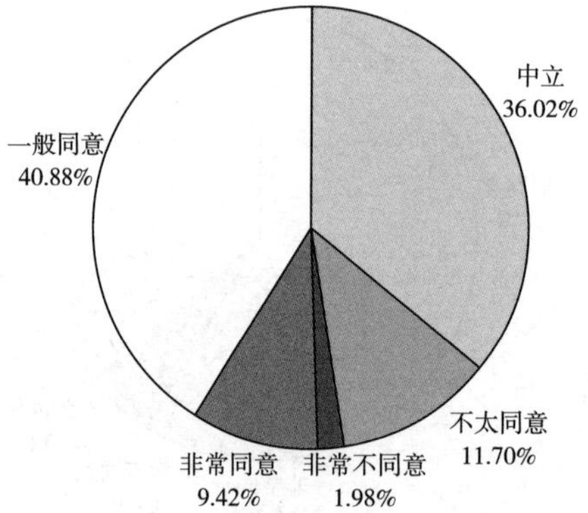

图 6-20　“农转非”居民对“具有较好的接受变故的能力”观点的认同情况

少数的“农转非”居民表示非常同意“未来收入会增长”的观点，近四成表示一般同意，另有约四成的“农转非”居民保持中立的态度，约一成的“农转非”居民表示不太同意，极少的“农转非”居民表示非常不同意。从这个结果来看，超过一半的“农转非”居民认为自己未来的收入会增长（见图 6-21）。

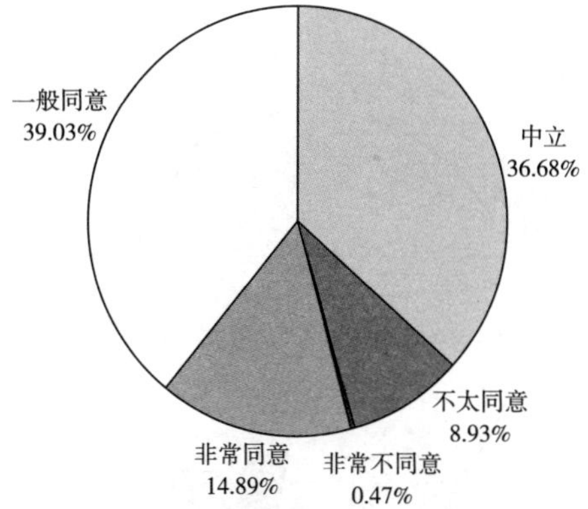

图 6-21　“农转非”居民对“未来收入会增长”观点的认同情况

两成“农转非”居民对于“孩子未来的发展会更好”表示非常同意，与表示一般同意的农村居民比例相似，近三成的“农转非”居民保持中立的态度，极少数的“农转非”居民表示不太同意，没有人表示非常不同意。从数据情况看，随着社会的不断发展和居民生活状况的不断改善，“农转非”居民对于下一代更好发展持有比较乐观的态度（见图 6-22）。

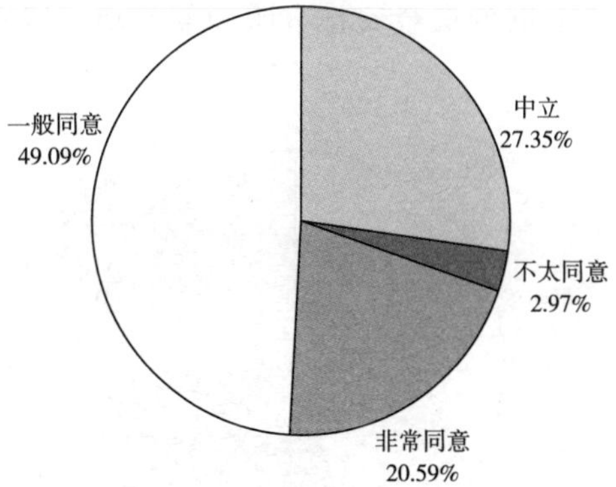

图 6-22　“农转非”居民对“孩子未来的发展会更好”观点的认同情况

一半以上的“农转非”居民对于“有清楚的家庭建设规划”表示非常同意，四成多的“农转非”居民表示一般同意，极少数的“农转非”居民保持中立态度或表示不太同意，没有人表示非常不同意。总体上“农转非”居民对于家庭未来的发展有比较明确的规划，这有利于家庭和社会整体的进步发展（见图 6-23）。

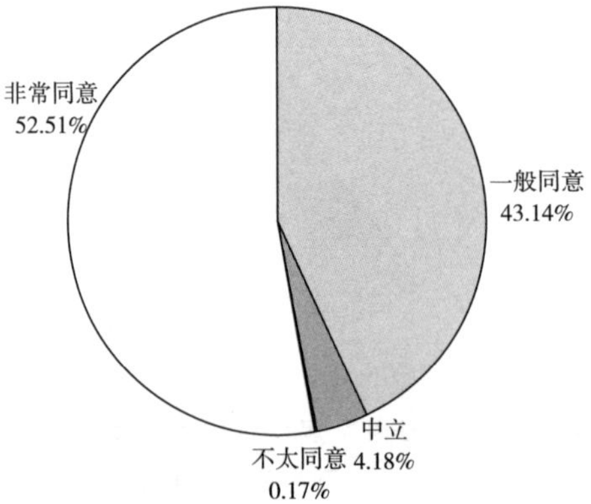

图 6-23　“农转非”居民对“有清楚的家庭建设规划”观点的认同情况

一成以上的“农转非”居民对于“有清楚的金融资金安排”非常同意，四成多的“农转非”居民表示一般同意，仅不到三成的“农转非”居民保持中立的态度，另有一成多的“农转非”居民表示不太同意或非常不同意。金融资本对于家庭的可持续发展具有重要作用，从数据来看，多数“农转非”居民对于家庭的资金安排有明确的计划，这有利于家庭的长期发展（见图 6-24）。

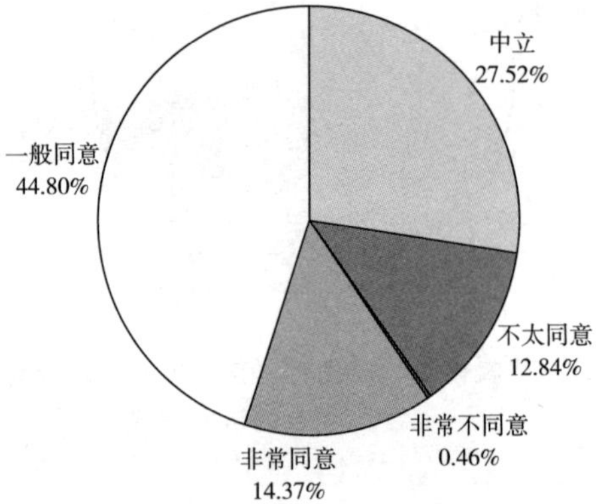

图 6-24　“农转非”居民对“有清楚的金融资金安排”观点的认同情况

从表 6-9 的统计结果来看，“农转非”居民对未来生计状况的预期均不具有代次和性别差异。

表 6-9 “农转非”居民对未来生计状况的预期

单位：%

项目	总体	代次视角			性别视角		
		第一代	第二代	LR/T	男性	女性	LR/T
生活质量提高							
非常同意	15.36	15.00	16.19		16.6	14.16	
一般同意	43.14	42.78	42.91		44.66	42.21	
中立	36.27	37.22	35.22	NS	32.81	38.81	NS
不太同意	4.90	4.72	5.26		5.53	4.53	
非常不同意	0.33	0.28	0.42	0.4	0.28	—	
样本量（人）	612	360	247		253	353	
社会淘汰感							
非常同意	12.21	12.76	11.60		13.45	11.39	
一般同意	27.54	25.52	30.80		28.36	26.94	
中立	29.42	32.03	25.60	NS	29.45	29.17	NS
不太同意	25.51	25.52	24.80		23.27	27.50	
非常不同意	5.32	4.17	7.20		5.45	5.00	
样本量（人）	639	384	250		275	360	
接受变故能力							
非常同意	9.42	9.14	10.04		9.54	9.49	
一般同意	40.88	41.12	39.77		41.70	40.38	
中立	36.02	34.77	38.22	NS	36.04	35.77	NS
不太同意	11.70	12.94	10.04		10.6	12.47	
非常不同意	1.98	2.03	1.93		2.12	1.90	
样本量（人）	658	394	259		283	369	

续表

项目	总体	代次视角			性别视角		
		第一代	第二代	LR/T	男性	女性	LR/T
收入增长预期							
非常同意	14.89	13.49	17.25		15.67	13.46	
一般同意	39.03	38.62	39.61		39.55	39.01	
中立	36.68	39.68	32.16	NS	33.96	39.29	NS
不太同意	8.93	7.67	10.59		10.07	7.97	
非常不同意	0.47	0.53	0.39		0.75	0.27	
样本量（人）	638	378	255		268	364	
子女发展							
非常同意	20.59	19.61	21.63		24.9	17.33	
一般同意	49.09	48.74	49.39		44.98	51.99	
中立	27.35	28.85	25.71	NS	26.51	28.13	NS
不太同意	2.97	2.80	3.27		3.61	2.56	
非常不同意	0	0	0		0	0	
样本量（人）	607	357	245		249	352	
家庭建设规划							
非常同意	52.51	53.22	51.27		55.42	50.29	
一般同意	43.14	43.7	42.37		40.56	45.06	
中立	4.18	3.08	5.93	NS	4.02	4.36	NS
不太同意	0.17	0	0.42		0	0.29	
非常不同意	0	0	0		0	0	
样本量（人）	598	357	236		249	344	
金融资金安排							
非常同意	14.37	14.25	14.84		15.19	13.97	
一般同意	44.80	43.00	47.27		46.64	43.29	
中立	27.52	29.52	24.22	NS	24.03	30.68	NS
不太同意	12.84	12.72	13.28		14.13	11.51	
非常不同意	0.46	0.51	0.39		0	0.55	
样本量（人）	654	393	256		283	365	

第三节　小结

1. “农转非”居民与农村居民的保险保障尚未普及并且保险种类较为单一

养老保险与医疗保险在“农转非”居民与农村居民中覆盖面较广，几乎所有的居民参加了至少一种养老保险。养老保险总体上较高的参与率主要得益于城乡居民基本养老保险的高覆盖率，而实际上，这类保险在中国城乡特别是农村已达到全面覆盖。第二代“农转非”居民对养老保险之外的其他保险购买状况相对较好，参保率有所上升。保险保障落实工作仍面临着较大挑战，居民尚未转变传统的思维模式、养成较好的保险保障意识，保险保障是农村居民选择转变户籍的重要因素，而在实际的城镇化进程推进中，此类工作仍需加强，并有较大的提升空间。

2. “农转非”居民对医疗、教育及环境保护的满意度较高，与此同时对养老、就业、物价的满意度较低

“农转非”居民经历市民化后，医疗、教育资源得到了明显改善，能够享受到优质的公共资源与服务，因此“农转非”居民对此类满意度较高。但来到城市后住房、物价等生活成本较之前有了明显的提高，结合“农转非”居民普遍教育程度较低，只能从事农业、非技术等附加值较低的工作的现状，面对工作压力、养老困难、物价飞涨，不难理解其对养老、就业、物价政策满意度不高的状况。国家如果可以针对该现象给予“农转非”居民一定的补贴，那么就可以缓解城镇化产生的此类压力。

3. 农村居民对土地政策的满意度总体水平有待提高，当前的征地政策仍有较大的改进和提升空间

确权政策、土地征收过程、征地补偿满意度以及失地农村居民帮扶存在区域差异。土地征收过程中农村居民平等权的实现需要包括实体权利上的平等和程序权利上的平等，既要明确农村居民在征地中的地位，也要充分保障农村居民平等的知情权。总体来讲，农村居民对土地确权政策持中立态度，城固县农村居民对土地确权政策满意的比例远高于宁强县农村居民满意的比例，由此可以看出城固县的土地政策更为完善；在征地补偿中，当前的征地补偿标准虽在原来的基础上有所提高，但仍存在一定的不足。多数农村居民对土地征收过程不甚满意，相比之下城固县农村居民对土地征收过程的满意度更高，但仍未过半，从目前的现实来看征地补偿结果达不到维持农村居民原有生活水平的目标；最后，两地对失地农村居民帮扶政策不满意的人数约为六成，在劳动力市场机制不健全、就业信息零碎失真、劳动力供给过度的情况下，缺乏非农产业工作技能的被征地农村居民能够找到就业岗位的机会较少，这给被征地农村居民留下了失业隐患。

4. 多数农村居民没有迫切获得城市户口的意愿

户籍意愿选择具有十分显著的地域差异和年龄差异。在“城市户籍的期望时长”上，绝大部分农村居民没有获得城市户口的意愿，但“80后”农村居民希望短时间内获得城市户籍的比例显著高于“80前”群体，“80前”农村居民选择定居老家农村的比例显著高于“80后”群体。新一代的农业转移人口由于受教育程度相对较高，具有相对广泛的就业选择，因而其依赖土地维持生计的比例较低。为了追求前途和向往现代城市生活，具有较好的条件，上学、工作等优质公共服务和机遇条件，他们有能力也有更大的意愿定居城市。在未来城镇化的推进过程中，新一代农业转移人口将成为主力军，对于城市青年劳动力的就业解决应更加关注，而对于老一代农业转移人口，应着力解决好土地问题，改革土地制度是推动其市民化的关键。

5. “农转非”居民与农村居民均对未来生活预期持积极态度

多数“农转非”居民与农村居民对于“未来生活质量会提高”的观点持同意态度。面对社会竞争，多数农村转移人口对“被社会淘汰的感觉”的主观感知能力较强，具有适当的危机意识。值得注意的是，第一代农业转移人口相较于第二代农业转移人口拥有更强的社会淘汰感，这可能与其自身的资源禀赋有关。“农转非”居民与农村居民均对生活展示出积极的态度，第二代农业转移人口对未来收入更加乐观。多数农业转移人口的金融资金的安排意识和能力较强，对未来有清晰的规划，第一代农业转移人口更有金融资金安排的意识，有过流动经历的居民有安排计划的比例更高。此外，“农转非”居民与农村居民对于下一代的更好发展也持比较乐观的态度，同样，第二代农业转移人口生活态度更为乐观，社会融入能力更强。

第三篇

生计恢复力测度

第七章
生计恢复力测度指标体系

本章基于可持续生计框架与生计恢复力理论框架，结合就地就近城镇化背景下农村居民与“农转非”居民的个体特征，建立两个群体生计恢复力指标体系，通过主成分分析法对指标权重进行赋值，并进行归一化和无量纲化处理，结合一手调查数据，构建农业转移人口生计恢复力测算模型。构建以就地就近城镇化为背景、以农业转移人口为研究对象的生计恢复力指标体系，针对农村居民和“农转非”居民分别构建生计恢复力指标体系，并对这两个人群生计恢复力进行测度并形成系统的操作化指标，尝试判别农业转移人群生计恢复力现状并为相关的测度提供参考。本章旨在构建就地就近城镇化背景下农业转移人口生计恢复力指标体系、了解其生计恢复力现状的基础上，依据结论提出有现实意义的政策建议，为推动提高生计恢复力的工作提供科学依据。

第一节　生计恢复力的分析框架与计量设定

一　生计恢复力理论框架

1973 年生态学家 Holling 首次将恢复力概念引入生态学领域的研究中，并将其定义为系统吸收干扰并继续维持其功能、结构、反馈等不发生质变的能力。经过不断地丰富与发展，恢复力的概念已应用到生态、减灾、对应气候变暖、社会保护和其他有外在冲击、风险以及脆弱性存在的领域。将恢复力与可持续生计框架结合起来是社会—生态恢复力领域一大研究新趋向。2014年，Chinwe认为恢复力研究在生态系统和社会—生态系统领域已经成为核心观念，但从生计角度探究恢复力的研究鲜少。在这样的研究前提下，在对生计恢复力理论深度思考与整合的基础上，他依据前人已有的对恢复力属性的定义，从生计视角入手建立了生计恢复力理论和指标分析框架，对推进社会恢复力相关领域实践研究具有重要指导意义。在该研究中，他将生计恢复力定义为生计在缓解外部压力和扰动的同时维持或者提高基本性能与功能的能力，其特点是主体运用资本和策略达到维持并增加资本量、增加自组织能力和提升学习能力的结果，他从缓冲能力、自组织能力、学习能力三个维度构建农户生计恢复力指标，在此基础上陈佳（2016）以这三个维度构建农户贫困恢复力，选取人力、物质、金融、自然资本表征农户的缓冲能力；选取农户家庭受资助的机会、社区网络支持、邻里信任度和交通可达性表征农户的自组织能力；选取户主教育程度、家庭教育投入、技能培训、信息技能交流以及外出务工时间测量学习能力。此外，Thulstrup A W.（2015）运用可持续生计框架中的五大生计资本构建在国家政策实施影响下越南山区家庭的生计恢复力；杨小慧（2010）选取自然资本、经济金融资本、社会资本和人力资本构建榆中县的干旱恢复力函数（即干旱恢复力指数是这几大资本的函数）。综上所述，已有多个研究根据自身研究主体构建生计恢复力指标体系。在我国，"三农"问题一直备受关注，但国内的有关恢复力的研究中缺少对农业转移人口的关注。由此，本书采用Chinwe的生计恢复力指标体系，从构建生计恢复力的框架入手，建立农村居民与"农转非"居民生计恢复力指标体系，试图了解农业转移人口生计恢复力现状。

二 指标体系构建

根据Carpenter（2001）对系统恢复力的描述，恢复力的属性包括三个方面：系统能承受的并仍存在于原稳态（即保持结构和功能不变）的变化量，系统自组织的能力（与系统无组织或受外部因素驱动的组织相对应），系统构建学习与适应能力的程度（适应能力是恢复力的重要因素，反映了系统面对干扰时的学习能力）。以Holling为首的"RESILIENCE

ALLIANCE”（2002）将恢复力作为第三维度加入适应性循环过程中，指出恢复力在社会—生态系统重组阶段能发挥极大作用，帮助系统重启积累资源，重新进入另一稳定域。研究恢复力的目标是使其向有利的方向运行，因此，对于农村居民与“农转非”居民来说，生计恢复力是其本身固有的一种能力，促使两类群体在面对外部生产生活环境的变化所带来的风险时，能够优化、高效运用自身资源。具体表现为：帮助农村居民提高在农村的生活质量；帮助“农转非”居民应对风险逐步适应城市生活，在保证正常的生活水平的同时具有较高的自我认知。

恢复力实质上指的是一种长远的能够应对风险和适应改变的能力，并且间接性地解决了脆弱性的潜在结构性问题，所以与脆弱性因素是不可分的。在理论基础上结合已有的研究经验，本书在借鉴生计恢复力分析框架基础上将外部风险扰动因子转化为恢复力量化因子，从缓冲能力、自组织能力、学习能力三个维度构建农村居民与“农转非”居民的生计恢复力评价指标体系。

1. 缓冲能力

缓冲能力指系统或个体缓冲外部变化以及利用现有的机会获得更好的生计结果的能力，对于本书的研究主体来说，就是运用现有的资本禀赋达到提升生活现状的目标，优化生计策略获得更优质的生计后果。Chinwe 用 5 大生计资本以及它们的动态变化来测量缓冲能力，本书将根据 Chinwe 的测量指标，结合农村居民、“农转非”居民的现实特征，构建缓冲能力维度指标体系。

（1）农村居民

按照 Chinwe 对缓冲能力的测量，构建缓冲能力指标的基础为五大生计资本，本书中选取土地收益变量测量农村居民的自然资本，选取健康状况、保险参保情况测量其人力资本，选取家庭年收入、个人月收入测量其金融资本，选取房屋面积、房屋设施测量其物质资本。根据 Chinwe 对社会资本相关指标测度的定义，农户可以在社会资本的作用下得以提高其他资本，从社会资本中得到劳动力支持，甚至可以从中获得收益和公用的机器等。本书研究对象之一为中国西部就地就近城镇化背景下的农村居民，SLA 中社会资本的定义更加广泛、更加具有实用性，且更大幅度推动农村居民更好地依赖于内部资源，所以本书中将社会资本放在自组织能力维度下测量。基于国外 Chinwe 关于缓冲能力的指标体系概念中的生计资本变量，结合农村居民的特殊情况，选取以下具体指标：

自然资本是指农户可运用的自然资源，其是评估农村居民拥有或可能拥有的自然资源储备，是描述自然资源存量的术语，泛指生计的资源流及相关的服务。在本文中指农村居民拥有或潜在拥有的自然资源储备，泛指自然界为农民工生存和生计提供的各种资源，一般包括土地和产出、水和水产资源、树木和林产品等调研区域农村居民除了自己耕种土地外还可通过土地流转等产生的收益，除耕地面积外，土地收益更能够度量农村居民的自然资本，所以本书选择土地收益进行测量。

人力资本指技能、知识与劳动能力还有健康的身体一同支持个体追求不同的生计策略来实现生计目标。人力资本理论于 20 世纪 60 年代由美国学者舒尔茨整理总结正式成为系统化理论体系，他认为人力资本具体表现为劳动者的知识、技能和健康状况。在英国国际发展署（DFID）提出的可持续生计框架关于人力资本的定义中指出，其指技能、知识与劳动能力还有健康的身体一同支持个体追求不同的生计策略来实现生计目标。李小云以健康状况和受教育程度作为指标对家庭人力资本存量进行测量，这一方法部分学者也在采用，李聪（2010）在此基础上增加了培训和技能。李飞等（2010）进一步将失地农民的人力资本分为通用人力资本和岗位人力资本，通用人力资本通过“年龄”、“健康状况”和“受教育年限”三个指标测量，岗位人力资本的主要内容为“是否自学过工作方面的知识”“是否有一技之长”“是否接受过培训”“是否有城市工作经历”“失地前是否从事非农职业”以及“是否有技术职称”。由于生计恢复力系统中，教育程度与技能培训是学习能力的重要体现，所以这两个变量不放在缓冲能力维度中讨论。李凤梅等（2017）认为社会保险参保情况影响了农民工人力资本的抗风险能力，将其纳入人力资本中考量。农村居民务农期间从事高强度的体力劳动，且在农闲期会选择进城务工，在城镇进入完全竞争的劳动力市场，同样从事高强度的体力劳动，所以身体健康是农村居民人力资本的核心因素。社会保障情况选取了养老、医疗基本保险，养老和医疗是农村居民的基础保险，这两项保险帮助居民在未来生活和受到疾病困扰时可以得到经济支援。

物质资本是指各类居民拥有的财产及其货币表现形态。物质资本是居民生产生活所必需的物质基础，也可以成为其取得收入的重要来源。居住情况是生活基本要素，良好的住房情况直接提升农村居民的生活幸福感。本书选取房屋居住面积来测量农村居民的物质资本。

金融资本是实现目标的资金资源，表现形式一般为现金，学术界主要从月收入、财务存储情况、获得借贷帮助的机会等方面对金融资本进行描述。本书用农业转移人口的家庭年收入和个人月收入来测量资金能力，经济能力一直以来都是决定其他生计资本以及影响生计恢复力的根本因素，考虑到家庭内部的经济转移，所以在个人月收入之外选取家庭年收入共同测量其金融资本。

表 7-1　就地就近城镇化背景下农村居民缓冲能力测量指标

维度	参考指标	指标
缓冲能力	自然资本	X_1土地收益
	人力资本	X_2健康状况
		X_3保险参保情况
	金融资本	X_4家庭年收入
		X_5个人月收入
	物质资本	X_6房屋面积
		X_7房屋设施

（2）“农转非”居民

对“农转非”居民缓冲能力指标的选取与农村居民有一定的相似性，这是由这两个群体的相似性决定的。由于对“农转非”居民来说，农村土地已经基本收归村庄，所以未将其纳入自然资本。对于人力、金融、物质资本指标的选取与上文中的农村居民相一致。

表 7-2　就地就近城镇化背景下“农转非”居民缓冲能力测量指标

维度	参考指标	指标
缓冲能力	人力资本	X_1健康状况
		X_2保险参与情况
	金融资本	X_3家庭年收入
		X_4个人月收入
	物质资本	X_5房屋面积
		X_6房屋设施

2. 自组织能力

自组织能力是相对于他组织能力而言的，是指个体不受系统外明确的限制和控制，由自身自发形成的、主动加入遵守某种秩序的组织，其核心是具有内生性的特征。基于 Chinwe 关于自组织能力的定义，以及他所阐述的自组织能力指标中的组织参与和社会网络、对周围村民的信任，结合本书中农业转移人口的现实情况选取以下指标。

（1）农村居民

在本书中，选取农村居民社会资本中的社会关系网、亲友职业声望、邻里信任度、公共事务参与来测量其自组织能力。

在社会关系网方面，测量了该群体在村内认识人的数量。本书依照林南等社会学家提出的职业声望算法，得出农民工个人亲友的总职业声望，从而得出农民工在城镇适应新环境可依赖的社会资源。在对周围人增加信任的同时，可以减少对外部信息、创新性和资本的依赖，由于“远亲不如近邻”的传统观念，邻居可以给予更多的情感支持和物质帮助，从而使其增强自我组织的能力，所以本文选取邻里信任度来测量信任问题。在事务参与方面选取其在农村参与的公共事务数量来衡量其所处制度环境下的参与机会。

表 7-3　就地就近城镇化背景下农村居民自组织能力测量指标

维度	参考指标	指标
自组织能力	合作与社会网络	X_8社会关系网
		X_9亲友职业声望

续表

维度	参考指标	指标
自组织能力	信任感	X_{10}邻里信任度
	参与事务	X_{11}正式公共事务参与情况

（2）“农转非”居民

“农转非”居民的自组织能力测量指标与农村居民一致，但是具体的测量含义不同。在测量社会关系网时，测量了该群体现在生活的县城认识人员的数量。已有研究证明，农民工来到城市后其社会关系越多，获得的工作机会就会越多，而社会关系对“农转非”居民的作用同样重要，用亲友职业声望得出“农转非”居民在城市适应新环境可依赖的社会资源。调研中发现，亲友作为他们的社会资源深深嵌入社会网络中，关于邻里信任度指标中，增加对周围人信任的同时可以减少对外部信息、创新性和资本的依赖。“农转非”居民与城镇居民信任度越高，其社会距离越短，促进了该群体社会融合，从而增强在新环境中自组织的能力。在公共事务参与方面，选取了较有代表性的居民自治组织活动，这些活动帮助他们在生活经受外部变动后仍然具有较高的自我认同感。

表 7-4 就地就近城镇化背景下“农转非”居民自组织能力测量指标

维度	参考指标	指标
自组织能力	合作与社会网络	X_8社会关系网
		X_9亲友职业声望
	信任感	X_{10}邻里信任度
	参与事务	X_{11}正式公共事务参与情况

3. 学习能力

学习能力指在新的外部环境下，能够将自己的知识技能与当前的生计活动相结合，并且积极学习新的知识和技能的能力。个人生计水平和系统学习能力对建立恢复力是至关重要的。考虑到教育程度实质上对于学习能力中的其他因素起到基础功能，所以未将 Chinwe 指标体系中教育程度列入缓冲能力，而是列入了学习能力指标中。基于 Chinwe 农户生计恢复力概念中学习能力的界定，选取在学习知识技能方面的投入、知识分享能力，结合农业转移人口的情况，确定了以下相关指标。

（1）农村居民

具体的，农村居民的学习能力包括学习基础、学习付出、知识转化能力、知识分享能力、学习计划。

本书中将教育程度放在学习能力维度下，就是考虑到教育程度是农村居民学习务农、务工技能接受能力的基础。就地就近城镇化背景下的农村居民在村庄就近务工时，不再从事自身所熟悉的农业，这时是否参与职业技能培训是学习能力高低的重要体现。农村居民在务农时学习农业技能并且与村民交流，在务工时学习职业技能并且可以与工友进行交流，这都体现了农村居民的自我学习能力以及从他人身上学习的能力，以此体现其知识转化能力以及知识分享能力。在测量农村居民对学习的规划时，依据其学习新技术、参加培训课程的期望来测度，本着积极的态度期望学习新的知识和技能，能够提高自己对城镇工作的适应能力，从而促进整体生计资本的提升。

表 7-5　就地就近城镇化背景下农村居民学习能力测量指标

维度	参考指标	指标
学习能力	附加：学习基础	X_{12}教育程度
	学习付出	X_{13}技能培训
	知识转化能力	X_{14}职业自我效能感
	知识分享能力	X_{15}职业信息交流状况
	学习计划	X_{16}学习期望

（2）“农转非”居民

在“农转非”居民学习能力指标的选取中，同样选取学习基础、学习付出、知识转化能力、知识分享能力、学习计划来测量。选取各个指标的依据与农村居民指标选取过程大致相似，“农转非”居民的学习付出、知识转化能力、知识分享能力、学习计划是指在城镇的工作过程中的学习能力，这种学习能力能够使其更好地适应城市工作与生活。

表 7-6　就地就近城镇化背景下“农转非”居民学习能力测量指标

维度	参考指标	指标
学习能力	附加：学习基础	X_{12}教育程度
	学习付出	X_{13}技能培训
	知识转化能力	X_{14}职业自我效能感
	知识分享能力	X_{15}职业信息交流状况
	学习计划	X_{16}学习期望

4. 生计恢复力指标体系

(1) 农村居民

根据以上变量选取的过程，农村居民生计恢复力各个维度变量及其指标已经确定，每个指标具有自身的含义和代表性，为了更加清晰地展现各个指标的具体描述方式，特对指标做出具体描述，如下表 7-7 所示。

表 7-7　就地就近城镇化背景下农村居民生计恢复力指标体系及赋值

维度	指标	指标描述
缓冲能力	X_1土地收益	土地年收益取对数
	X_2健康状况	1=非常差，2=较差，3=一般，4=较好，5=非常好
	X_3保险参与情况	社会保险参保种类（0-3）
	X_4家庭年收入	家庭年收入金额取对数
	X_5个人月收入	个人月收入金额取对数
	X_6房屋面积	现居住房屋面积取对数
	X_7房屋设施	房屋内居住基本设施个数（0-5）
自组织能力	X_8社会关系网	村里亲朋好友个数取对数
	X_9亲友职业声望	职业列表中亲友职业声望分数之和标准化
	X_{10}邻里信任度	以可代表与邻居交往事件个数之和表示（1-10）
	X_{11}正式公共事务参与情况	参与村庄正式公共事务活动数（0-5）

续表

维度	指标	指标描述
学习能力	X_{12}教育程度	1=不识字或很少识字，2=小学，3=初中，4=高中，5=技校/中专，6=大专，7=本科及以上
	X_{13}技能培训	0=未参加过；1=参加过
	X_{14}职业自我效能感	以自我工作能力感知程度表示（2-10）
	X_{15}职业信息交流状况	以可与同事就技能进行交流程度表示（2-10）
	X_{16}学习期望	希望学习技术，比如参加技术培训，1=非常不同意，2=不太同意，3=中立，4=一般同意，5=非常同意

（2）“农转非”居民

根据以上变量选取的过程，“农转非”居民生计恢复力指标体系也已形成，以缓冲能力、自组织能力、学习能力三大维度为支撑的生计恢复力指标体系粗具雏形，各个维度变量及其指标描述如表 7-8 所示。

表 7-8　就地就近城镇化背景下“农转非”居民生计恢复力指标体系及赋值

维度	指标	指标描述
缓冲能力	X_1健康状况	1=非常差，2=较差，3=一般，4=较好，5=非常好
	X_2保险参与情况	社会保险参保种类（0-3）
	X_3家庭年收入	家庭年收入金额取对数
	X_4个人月收入	个人月收入金额取对数
	X_5房屋面积	现居住房屋面积取对数
	X_6房屋设施	房屋内居住基本设施个数（0-5）
自组织能力	X_7社会关系网	县城中认识人个数取对数
	X_8亲友职业声望	职业列表中亲友职业声望分数之和标准化
	X_9邻里信任度	以可代表与邻居交往事件个数之和表示（1-10）
	X_{10}正式公共事务参与情况	参与正式公共事务活动数（0-3）

续表

维度	指标	指标描述
学习能力	X_{11}教育程度	1=不识字或很少识字，2=小学，3=初中，4=高中，5=技校/中专，6=大专，7=本科及以上
	X_{12}技能培训	0=未参加过；1="农转非"前或后参加过；2="农转非"前后都参加过
	X_{13}职业自我效能感	以自我工作能力感知程度表示（2-10）
	X_{14}职业信息交流状况	以可与同事就技能进行交流程度表示（2-10）
	X_{15}学习期望	希望学习技术，比如参加技术培训，1=非常不同意，2=不太同意，3=中立，4=一般同意，5=非常同意

第二节　数据处理与分析策略

一　描述统计

本书首先将所有指标进行正向化处理，然后采用运用较为广泛的极值法对原始数据进行标准化处理，消除数据量纲影响，计算公式如下：

$$X'_{ij}=\frac{x_{ij}-\lambda_{jmin}}{\lambda_{jmax}-\lambda_{jmin}} \tag{7-1}$$

其中，xij 为 i 行 j 列的原始数据，λ_{jmin} 为 j 列原始数值的最小值，λ_{jmax} 为 j 列原始数值的最大值，X'_{ij} 为标准化后的 i 行 j 列的数据。

将所有指标按照上述标准化方法进行处理，得到指标基本数理信息，表述如下：

1. 农村居民

从表 7-9 可以观察到，首先农村居民对于参加培训课程的期望值极高。除了农忙季节，调查区域健康的农村居民大多数都会在农闲时间在城镇务工，但是由于教育程度、技术能力的局限，他们的能力可能无法与就业市场完美对接，因此非常期望可以通过技术培训改善就业情况，从而解决就业难问题。其次房屋面积均值较高，这可能是因为在计算过程中极大值与极小值的差距较小，所以得到的标准分数值较高，农村居民居住地为村委会统一分配的宅基地，分配宅基地的面积不会产生太大差距。再次，职业信息交流状况自我评分较高，农村居民在务农/务工专业能力沟通方面较为畅通，但同时对职业自我效能即工作能力是否专业感知极差，可能是工作性质不需要专业技能或者自身缺乏导致。最后，标准分最低的指标为社会关系网和亲友职业声望，这两个变量表现出较低的水平，可能是因为问卷中问题为村内相识村民人数，农村居民亲友职业声望偏低，其亲友工作阶层与自身较为相近。

表 7-9　指标体系描述性统计分析

维度	指标标准化处理	样本数	最小值	最大值	均值	标准差
缓冲能力	X_1土地收益标准分	1394	0	1	0.46	0.32
	X_2健康状况标准分	1428	0	1	0.63	0.25
	X_3保险参与情况标准分	1369	0	1	0.60	0.17
	X_4家庭年收入标准分	1405	0	1	0.70	0.14
	X_5个人月收入标准分	1420	0	1	0.68	0.15
	X_6房屋面积标准分	1392	0	1	0.72	0.08
	X_7房屋设施标准分	1370	0	1	0.32	0.38
自组织能力	X_8社会关系网标准分	1397	0	1	0.21	0.15
	X_9亲友职业声望标准分	1452	0	1	0.12	0.16
	X_{10}邻里信任度标准分	1444	0	1	0.67	0.24
	X_{11}正式公共事务参与情况标准分	1440	0	1	0.29	0.25
学习能力	X_{12}教育程度标准分	1440	0	1	0.33	0.18
	X_{13}技能培训标准分	1441	0	1	0.51	0.50
	X_{14}职业自我效能感标准分	1319	0	1	0.48	0.20
	X_{15}职业信息交流状况标准分	1318	0	1	0.71	0.19
	X_{16}学习期望标准分	1425	0	1	0.82	0.23

2. "农转非" 居民

"农转非" 居民与农村居民最大的差异在于其户籍已经产生变化，所以不能享有农村户籍带来的土地收益、集体财产收益以及宅基地使用权，因此必须做出一定的生计调整来适应城市环境。观察表 7-10 可以发现，首先"农转非"居民接受职业培训的标准分较高，可能是职业技能培训提升了其就业能力，使其能够有能力在城市工作从而促使做出转换户籍的决定。其次，该群体对自身健康程度评分十分高，能够放弃农村户籍来到城市生活的原农村居民一般年龄处于青壮年且身体素质较好。再次，"农转非"居民对于接受技术培训的期望值极高，他们期望可以通过技术培训改善就业情况，更好地融入城市的工作生活。最后，"农转非"居民的亲友职业声望与农村居民较为相似，均处于较低水平，此外，该群体在城市享受的保险很不完善，依旧停留在以前在农村时缴纳的保险阶段。

表 7-10　指标体系描述性统计分析

维度	指标标准化处理	样本数	最小值	最大值	均值	标准差
缓冲能力	X_1健康状况标准分	664	0	1	0.77	0.22
	X_2保险参与情况标准分	557	0	1	0.26	0.23
	X_3家庭年收入标准分	522	0	1	0.75	0.12
	X_4个人月收入标准分	475	0	1	0.59	0.25
	X_5房屋面积标准分	587	0	1	0.69	0.15
	X_6房屋设施标准分	467	0	1	0.60	0.39
自组织能力	X_7社会关系网标准分	567	0	1	0.63	0.20
	X_8亲友职业声望标准分	695	0	1	0.16	0.18
	X_9邻里信任度标准分	536	0	1	0.56	0.25
	X_{10}正式公共事务参与情况标准分	495	0	1	0.50	0.37
学习能力	X_{11}教育程度标准分	683	0	1	0.41	0.24
	X_{12}技能培训标准分	472	0	1	0.78	0.34
	X_{13}职业自我效能感标准分	503	0	1	0.44	0.22
	X_{14}职业信息交流状况标准分	509	0	1	0.66	0.21
	X_{15}学习期望标准分	626	0	1	0.68	0.29

二 主成分分析确定权重

1. 农村居民

（1）效度检验

因子分析前需采用 KMO 与 Bartlett 球体检验，分析主成分分析的适宜性。KMO 用于观测相关系数值与偏相关系数值，KMO 值越大，因子分析相关性越强，越适合做因子分析。Bartlett’s 检验变量值是否为彼此独立的一系列指标，当该统计量取值很大表示拒绝零假设，适合做因子分析。在上文所选取的指标数据中，KMO = 0.641>0.5，Bartlett 球体检验显著性 SIG = 0.00<0.05，因此，适合进行主成分分析。

（2）主成分分析

将标准化处理后指标数据利用 SPSS22.0 软件进行主成分分析，根据特征值大于 1 的原则确定主成分数目并提取较能反映原指标信息的 6 个主成分，得出各主成分方差贡献率、累计方差贡献率，根据主成分因子载荷系数，也就是这些重要变量与主成分的相关系数，得出 6 个主成分中因子载荷大于 0.5 的变量（见表 7-11）。

表 7-11 主成分分析结果

主成分	1	2	3	4	5	6
因子载荷及系数	家庭年收入（0.87）	房屋设施（0.73）	土地收益（0.75）	职业信息交流状况（0.63）	技能培训（0.75）	社会保险参与（0.69）
	个人月收入（0.85）	健康状况（0.56）	公共事务参与（0.61）	邻里信任度（0.57）	学习期望（0.57）	房屋面积（0.56）
		亲友职业声望（0.51）				
特征值	1.63	1.55	1.34	1.34	1.33	1.20

续表

主成分	1	2	3	4	5	6
方差贡献率（%）	10.20	9.71	8.40	8.39	8.31	7.48
累积方差贡献率（%）	10.20	19.91	28.31	36.71	45.01	52.50

由表 7-11 可知，主成分 1 在评价指标家庭年收入、个人月收入情况上有较大的载荷，主成分 2 对评价指标房屋设施、健康状况、亲友职业声望方面有较大影响，主成分 3 对指标土地收益、公共事务参与影响很大，主成分 4 在评价指标职业信息交流状况、邻里信任度上载荷较大，主成分 5 反映了指标技能培训、学习期望的主要特征，主成分 6 体现了社会保险参与、房屋面积的特征。用主成分得出主要指标的目的，就是在找到影响生计恢复力指标重要变量的同时，对关于农村居民提升恢复力侧重点有所发现，工作重点应放在主要指标的控制上。

根据各主成分方差贡献率占 6 个因子累计方差贡献率的比重，得出各主成分与生计恢复力的表达式为：

$$Y=0.194F_1+0.185F_2+0.160F_3+0.160F_4+0.158F_5+0.142F_6 \quad (7-2)$$

根据主成分分析结果，初步得出农村居民生计恢复力重要影响因素。从上述分析中可以发现，第一主成分对生计恢复力指标有特别显著的影响，作为第一主成分中载荷系数最大的变量，家庭年收入是农村居民生计能够得到恢复的重中之重。结果显示，大多数农村居民有参与技能培训的愿望并且该愿望直接促进了劳动力素质提升，受过技能培训的农村居民农闲时期在城镇的就业偏向正式性，从而直接保障了其社会权益、经济收入，间接影响了生活环境。具有较好学习能力的农村居民，在自己的工作岗位上务农或务工时都能够进入工作状态，并且与同事保持了很好的技能信息交流。

（3）指标体系赋值

用主成分分析结果计算指标权重，需要以下三个步骤：

步骤一：明确各个主成分指标分析模型为：

$$\begin{cases} F_1 = a_{11}X_1 + a_{21}X_2 + \cdots a_{p1}X_p \\ F_2 = a_{12}X_1 + a_{22}X_2 + \cdots a_{p2}X_p \\ \quad\cdots\cdots \\ F_k = a_{1k}X_1 + a_{2k}X_2 + \cdots a_{pk}X_p \end{cases} \tag{7-3}$$

在得到主成分分析结果后，首先计算主成分中每个指标所对应的系数，用初始因子载荷除以主成分相对应的特征根开平方，即可分别计算出各指标在多个主成分线性组合中的系数，即上式中的 a。计算公式如下，其中μ_{jl}为第 j 个指标对应第 1 个主成分的初始因子载荷，λ_l为第 1 个主成分对应的特征值。

$$a_{jl} = \frac{\mu_{jl}}{\sqrt{\lambda_l}} (j = 1, 2, \cdots p; l = 1, 2, \cdots k) \tag{7-4}$$

步骤二：用每个指标所对应的系数乘上该主成分所对应的贡献率，除以贡献率之和，对 7 个主成分线性组合中的系数 a_{jl}做加权平均的绝对值，得到指标 X_p的系数 b_p。其中θ_l为第 l 个主成分的方差贡献率，得出指标体系中的系数。

$$b_j = \frac{a_{jl}\theta_l}{\sum_{i=1}^{k}\theta_l} \tag{7-5}$$

步骤三：由于指标 1-q 的系数和不为 1，影响测算模型的整体协调性，使用以下公式做出归一化处理，最终的综合得分模型中各指标权重为：

$$w_p = \frac{b_p}{\sum b_p} (1 \leqslant p \leqslant 14) \tag{7-6}$$

（3）恢复力指数

本文中农村居民生计恢复力指数计算公式如下，其中 R_j 为生计恢复力指数，w_p 为第 p 个指标的权重，f_p 为第 p 个指标的数值。

$$R_j = \sum_{p=1}^{14} w_p f_p (1 \leqslant p \leqslant 14, 1 \leqslant j \leqslant 1076) \tag{7-7}$$

根据本书数据结果计算，农村居民生计恢复力指标体系模型为：

$$Y=0.13X_1+0.08X_2+0.09X_3+0.13X_4+0.13X_5+0.07X_6+0.11X_7+0.08X_9+0.08X_{10}+0.08X_{11}+0.10X_{13}+0.09X_{15}+0.08X_{16} \quad (7-8)$$

进行归一化处理后得到最终测算模型：

$$Y=0.08X_1+0.07X_2+0.07X_3+0.11X_4+0.11X_5+0.06X_6+0.09X_7+0.06X_9+0.06X_{10}+0.07X_{11}+0.08X_{13}+0.07X_{15}+0.06X_{16} \quad (7-9)$$

2.“农转非”居民

（1）效度检验与主成分分析

在“农转非”居民的指标中，KMO=0.60>0.5，Bartlett 球体检验显著性 SIG=0.00<0.05，因此，适合进行主成分分析。

将标准化处理后的指标数据利用 SPSS22.0 软件进行主成分分析，在表 7-12 中列出 6 个主成分中因子载荷大于 0.5 的变量。

表 7-12　主成分分析结果

主成分	1	2	3	4	5	6
因子载荷及系数	职业信息交流状况（0.80）	保险参与情况（0.81）	房屋面积（0.83）	邻里信任度（0.84）	个人月收入（0.78）	健康状况（0.85）
	社会关系网（0.68）	亲友职业声望（0.73）	房屋设施（0.56）	社会公共事务参与情况（0.80）	家庭年收入（0.73）	教育程度（0.57）
	职业自我效能感（0.61）				技术培训（0.55）	
特征值	1.89	1.87	1.85	1.62	1.56	1.31
方差贡献率（%）	12.59	12.45	12.34	10.82	10.37	8.70
累积方差贡献率（%）	12.59	25.04	37.38	48.20	58.57	67.28

由表 7-12 可知，主成分 1 在评价指标职业信息交流状况、社会关系网、职业自我效能感上有较大的载荷；主成分 2 对评价指标保险参与情况和亲友职业声望方面有较大影响；主成分 3 对房屋面积、房屋设施影响很大；主成分 4 在评价指标邻里信任度、社会公共事务参与情况上载荷较大；主成分 5 反映了指标个人月收入、家庭年收入、技术培训的主要特征，为生活状况成分；主成分 6 体现了指标健康状况、教育程度的特征。“农转非”居民在城镇生活面临着外部环境的巨大变化，其生计恢复力的提升除了自身生计策略的转换还需要外部一定的政策支持，主成分分析帮助政策研究找到主要指标侧重点。

根据各主成分方差贡献率占 6 个因子累计方差贡献率的比重，得出各主成分与生计恢复力的表达式为：

$$Y=0.187F_1+0.185F_2+0.183F_3+0.161F_4+0.154F_5+0.129F_6 \tag{7-10}$$

根据主成分分析结果，初步得出“农转非”居民生计恢复力重要影响因素。第一主成分对“农转非”居民生计恢复力指标有特别显著的影响，职业信息交流状况作为第一主成分中载荷系数最大的变量，对生计恢复力影响较大，应加强就业中与同事的工作技能信息交流。结果显示，社会关系网对“农转非”居民生计恢复力影响也很大，可能直接影响其在城镇的就业、生活以及更好地实现社会融合。良好的职业自我效能感作为就业中的重要条件促进该群体适应工作岗位，从而适应城市生活。具有较高社会保险参与率的“农转非”居民，更易在受到外部冲击时得到及时的帮助。

（3）指标体系赋值

权重计算过程与农村居民生计恢复力指标体系权重计算过程一致，根据“农转非”居民的数据结果计算，该群体生计恢复力指标体系模型为：

$$Y=0.10X_1+0.11X_2+0.09X_3+0.10X_4+0.11X_5+0.08X_6+0.09X_7+0.10X_8+0.11X_9+0.10X_{10}+0.06X_{11}+0.07X_{12}+0.08X_{13}+0.11X_{14} \tag{7-11}$$

进行归一化处理后得到最终测算模型：

$$Y=0.07X_1+0.08X_2+0.07X_3+0.07X_4+0.09X_5+0.06X_6+0.07X_7+0.08X_8+0.08X_9+0.08X_{10}+0.05X_{11}+0.05X_{12}+0.06X_{13}+0.08X_{14} \tag{7-12}$$

第三节 小结

本章在阐述生计恢复力理论框架的基础上，根据可持续生计框架中的五大生计资本以及已有的生计恢复力指标构建相关研究，结合研究地区的地域背景以及研究对象的特征构建指标体系，选取合适的生计恢复力指标变量，构建了就地就近城镇化背景下的农业转移人口生计恢复力指标体系。在构建指标体系之后，运用主成分分析法对权重进行赋值，在计算过程中得到初步发现与结论，并最终得到农村居民、"农转非"居民生计恢复力测算模型，为了解生计恢复力现状提供定量运算公式。本章主要完成以下工作：

（1）根据理论基础与本文研究构建指标体系，分别构建就地就近城镇化背景下农村居民与"农转非"居民生计恢复力初级理论模型，从表征生计恢复力的三个维度缓冲能力、自组织能力、学习能力选取相应的指标进行构建。

（2）通过对指标体系中的各个变量进行描述性统计分析，发现农村居民学习期望、房屋面积、职业信息交流状况均值较高，社会关系网、亲友职业声望指标均值较低；同时"农转非"居民技能培训、健康状况、家庭年收入指标均值较高，亲友职业声望、保险参与情况指标均值较低。

（3）用主成分分析法计算测算模型指标权重，在主成分降维过程中，农村居民最终测量模型中社会关系网、教育程度、职业自我效能感三个变量被删去，"农转非"居民最终测量模型中学习期望变量被删去，可能是由于该变量的数据深层释义被其他变量所包含。

第八章
生计恢复力现状

研究农村居民与“农转非”居民生计恢复力的根本目标，就是在对这两个群体恢复力状况进行全面评价和分析的基础上，发现问题、提出建议以促进其生计状况的改善，从而取得可持续的生计成果。本章在已建立的生计恢复力指标体系基础上，观察本书研究群体生计恢复力现状，并且从几个视角切入观察两个群体内部差异，期望能够了解现状的同时，发现不同视角下的群体差异。

第一节　农村居民

一　总体现状

本书所构建的就地就近城镇化背景下农村居民的生计恢复力指标体系中指标权重如表 8-1 所示。一级指标总值等于其下辖的二级指标测算值之和，农村居民恢复力各维度差异不明显。在一级指标中，缓冲能力影响效应最强（0.586），学习能力次之（0.219），自组织能力最次（0.195）。从二级指标来看，家庭年收入（0.108）、个人月收入（0.105）、房屋设施（0.088）和土地收益（0.085）对农村居民生计恢复力的影响较大，房屋面积以及亲友职业声望对农村居民生计恢复力的影响较为微弱。

表 8-1 农村居民生计恢复力情况

一级指标	二级指标	权重值	总值
缓冲能力	X_1土地收益	0.085	0.586
	X_2健康状况	0.068	
	X_3保险参与情况	0.073	
	X_4家庭年收入	0.108	
	X_5个人月收入	0.105	
	X_6房屋面积	0.059	
	X_7房屋设施	0.088	
自组织能力	X_9亲友职业声望	0.062	0.195
	X_{10}邻里信任度	0.064	
	X_{11}正式公共事务参与情况	0.069	
学习能力	X_{13}技能培训	0.084	0.219
	X_{15}职业信息交流状况	0.071	
	X_{16}学习期望	0.064	

二 群体差异

个体与群体的生计恢复力都不是固定静态的，随着自身以及外部环境的变化而变动。本文根据本中指标体系构建了农村居民生计恢复力的极值图形。农村居民生计恢复力及各维度基本数据统计如表 8-2 所示。从表中可以看出，不同农村居民之间生计恢复力具有极大差异，现状极其不平衡。由该表得出图 8-1 雷达分布图。

表 8-2 农村居民生计恢复力描述性统计

	生计恢复力	缓冲能力	自组织能力	学习能力
均值	0.558	0.343	0.071	0.145
最小值	0.225	0.056	0.006	0
最大值	0.851	0.529	0.195	0.219

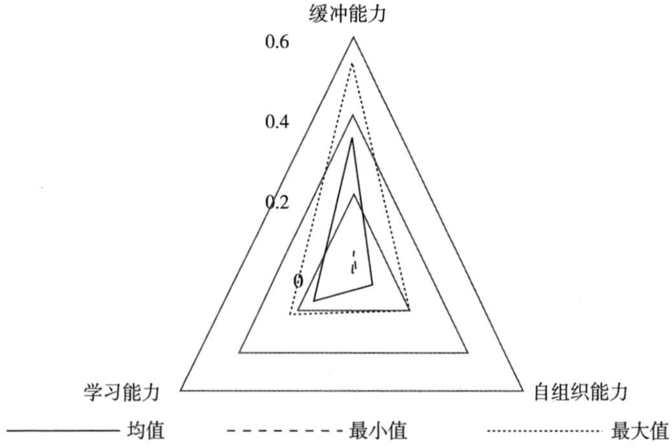

图 8-1 农村居民生计恢复力弹性区间

从图 8-1 可以发现，农村居民缓冲能力弹性最大，其次为学习能力与自组织能力，不同农村居民之间的缓冲能力、自组织能力、学习能力具有较大差异，最优的群体为我们显示了农村居民生计恢复力未来的可塑性以及极大的发展空间，在政策方面加以指引会向更好的方向发展。

本书从性别、代次、区域三个视角切入，通过差异性检验等手段，可以更加准确地判断农村居民生计恢复力内部情况。首先，性别与代次视角是社会科学研究中较为重要的个体特征；其次，区域视角分为本书调研区域中的城固县和宁强县，其中城固县是陕西乃至中国西部地区城镇化率较低但增速较快地区的代表，宁强县是陕西乃至中国西部地区城镇化率较低但增速较低地区的代表。如表 8-3 所示，本次调研群体中的农村居民生计恢复力在性别视角下有显著的差异，男性在自组织能力和学习能力方面的均值显著强于女性，这样的差异主要与传统的早期教育中性别歧视和男性居民的社会参与相关。在代次视角下，新生代农村居民生计恢复力显著强于老一代，新生代农村居民缓冲能力及其学习能力较强，这与新一代农村居民由其年龄及时代优势，在身体素质、接受教育、学习技能方面普遍优于老一代农村居民相关，老一代农村居民自组织能力显著优于新生代农村居民。在区域视角方面，城固县农村居民的生计恢复力及其三个维度缓冲能力、自组织能力、学习能力都显著优于宁强县农村居民。

表 8-3　不同农村居民生计恢复力状况

	缓冲能力	自组织能力	学习能力	生计恢复力
性别				
男	0.345	0.073	0.155	0.573
女	0.341	0.069	0.138	0.547
LR/T 检验	NS	**	***	***
代次				
老一代	0.337	0.072	0.137	0.545
新生代	0.360	0.067	0.167	0.595
LR/T 检验	***	**	***	***
区域				
城固县	0.350	0.076	0.147	0.573
宁强县	0.335	0.066	0.142	0.543
LR/T 检验	***	***	+	***

第二节　“农转非”居民

一　总体现状

本书所构建的就地就近城镇化背景下“农转非”居民生计恢复力指标体系中各指标权重如表 8-4 所示。一级指标总值等于其下辖的二级指标测算值之和，“农转非”居民恢复力各维度差异较大。在一级指标中，缓冲能力影响效应最强（0.445），自组织能力次之（0.307），学习能力最次（0.249）。从二级指标来看，房屋面积（0.086）、职业信息交流状况（0.084）、保险参与情况（0.084）和邻里信任度（0.082）对“农转非”居民生计恢复力的影响较大，受教育程度对该群体生计恢复力影响较为微弱。

表 8-4 “农转非”居民生计恢复力情况

一级指标	二级指标	权重值	总值
缓冲能力	X_1健康状况	0.074	0.445
	X_2保险参与情况	0.084	
	X_3家庭年收入	0.069	
	X_4个人月收入	0.074	
	X_5房屋面积	0.086	
	X_6房屋设施	0.058	
自组织能力	X_7社会关系网	0.071	0.307
	X_8亲友职业声望	0.076	
	X_9邻里信任度	0.082	
学习能力	X_{10}正式公共事务参与情况	0.078	0.249
	X_{11}教育程度	0.049	
	X_{12}技能培训	0.052	
	X_{13}职业自我效能感	0.064	
	X_{14}职业信息交流状况	0.084	

二 群体差异

“农转非”居民生计恢复力及各维度基本数据统计如表 8-5 所示。从表中可以看出，不同“农转非”居民之间生计恢复力具有较大差异，现状极其不平衡。由该表得出图 8-2 雷达分布图。

表 8-5 “农转非”居民生计恢复力描述性统计

	生计恢复力	缓冲能力	自组织能力	学习能力
均值	0.578	0.183	0.094	0.229
最小值	0.333	0.074	0.012	0.095
最大值	0.786	0.299	0.239	0.404

从图 8-2 中可以发现，“农转非”居民学习能力弹性最大，其次为自组织能力与缓冲能力，该群体由于受教育程度、技能培训情况、就业学习

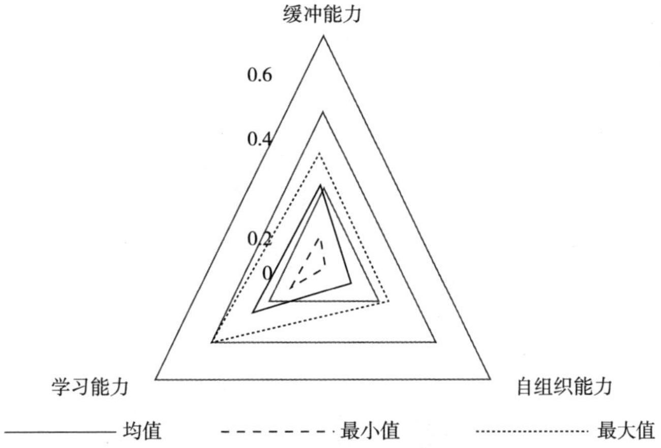

图 8-2　“农转非”居民生计恢复力弹性区间

能力因素影响，其内部存在较大差异，直接影响了在城市寻找工作以及在工作岗位上的能力。帮扶“农转非”居民的政策中应注重帮助其提升学习能力。

本书从性别、代次这两个人口学特征视角切入，通过差异性检验等手段，旨在了解“农转非”居民生计恢复力内部情况。本次调研群体中的“农转非”居民生计恢复力在代次、性别间不具有统计意义上的显著差异，但从数据均值方面观察，总的来说，男性相比之下生计恢复力较优，新生代居民远比老一代居民生计恢复力强。在性别视角下女性自组织能力的均值显著强于男性，这样的差异主要与女性更擅长交际有关。在代次视角下，老一代居民自组织能力更强，这可能是由于其年纪稍长，社会关系方面有更多的积累；新生代“农转非”居民缓冲能力显著较强，新一代“农转非”居民由于其具有年龄优势，在身体素质、就业等方面的能力普遍优于老一代。

表 8-6　不同“农转非”居民生计恢复力状况

维度	缓冲能力	自组织能力	学习能力	生计恢复力
性别				
男	0. 190	0. 090	0. 230	0. 575
女	0. 178	0. 097	0. 228	0. 581

续表

维度	缓冲能力	自组织能力	学习能力	生计恢复力
LR/T 检验	NS	**	NS	NS
代次				
第一代	0.180	0.096	0.214	0.530
新生代	0.188	0.090	0.254	0.553
LR/T 检验	+	*	NS	NS

第三节　小结

本章根据前文已建立的就地就近城镇化背景下农业转移人口生计恢复力指标体系，根据各个指标的权重，结合农业转移人口生计恢复力标准化值对其生计恢复力指标值进行测算，计算得出生计恢复力各个维度及其指标的数值，得出其弹性区间，并从性别、代次、区域视角对农村居民生计恢复力指标值进行对比分析，从性别、代次视角对农村居民生计恢复力指标值进行对比分析，主要得到如下发现：

（1）农业转移人口生计恢复力状况普遍偏下，生计恢复力及其各个维度弹性区间大，生计恢复力亟须提升。“农转非”居民学习能力较强，这表明其在面对新的就业环境时适应工作岗位、学习新技能的能力较强，但教育程度低与技能培训的缺乏牵制了其学习能力的发展；在缓冲能力方面，农业转移人口金融资本处于劣势，自然资本对生计恢复力的支撑功能弱，学习能力的提升可推动缓冲能力的发展；农村居民与“农转非”居民自组织能力较差，就地就近转移的农业转移人口社会网络亲缘、地缘性更强，社会组织对其吸纳不足，从而大大削弱了该群体的现实与情感帮助作用。

（2）在性别视角下，农村居民生计恢复力指标值差异明显，男性农村居民生计恢复力状况及其三个维度总体上都优于女性农村居民，男性“农转非”居民生计恢复力总体优于女性“农转非”居民但不存在统计学意义上的显著差异，其缓冲能力与学习能力均值优于女性“农转非”居民，同时女性“农转非”居民自组织能力显著优于男性。

（3）在代次视角下，农村居民生计恢复力指标值存在统计学意义上的显著差异，新生代农业转移人口生计恢复力状况总体上显著好于老一代农业转移人口，在不同维度下情况不一。新生代农业转移人口缓冲能力、学习能力更高，老一代农业转移人口自组织能力更高主要来源于资本积累带来的优势。

（4）在区域视角下，农村居民生计恢复力指标值差异明显，经济发展较优的城固县农村居民生计恢复力状况总体上好于发展较落后的宁强县农村居民，并且在各个维度都表现出一定的优势。城固县农村居民缓冲能力、自组织能力、学习能力均高于宁强县农村居民，并且具有统计学意义上的显著差异。

第九章

主要发现及政策建议

在可持续生计以及相关理论的基础上，通过第四至第六章对调查数据的梳理以及统计分析，得出在现阶段背景下的一些主要发现，在这些发现的前提下提出具有可实行性的政策建议。本章在农业转移人口家庭生计资本、个人生计资本以及未来发展意愿方面得到一些实际的发现，在下文中进行阐述。

第一节 家庭生计资本

本书主要从自然资本、社会资本、金融资本、支出结构等方面切入家庭生计资本，旨在能够较为全面地描述农业转移人口家庭生计资本现状。

一 主要发现

（1）自然资本方面，本次调查中汉中地区相当一部分农业转移人口没有土地收益，土地收益偏低。在已有研究中已经提及，土地收益极少推动大量青壮年农村劳动力往城镇务工谋生，所以土地收益低是导致其转移至城镇的重要影响因素。

（2）社会资本方面，农业转移人口邻里关系十分和谐。在性别上存在女性更加熟悉邻居家基本情况的现象。邻里关系和社会网络支持呈现良好态势，但城镇化的发展给传统邻里关系和社会网络带来一定的冲击。调查显示，第一代农业转移人口比第二代邻里交往更加频繁、邻里信任度更高，随着时代的发展，现代居住区的开发模式和生产生活方式的改变淡化了传统邻里互帮互助、密切联系的优良传统。相比第一代居民，第二代居民的社会支持网络逐渐由以亲属为主体的强关系网络转变为以朋友为主体的弱关系网络，这是我国计划生育政策下家庭结构变化和市场经济发展共同作用的结果。

（3）金融资本方面，农业转移人口的总收入、总支出、总借贷和总存款方面的差异较小，本书调研区域的发展相对均衡。农业转移人口金融资本结构整体较好，但存在一定家庭借贷，因此削弱了其抗风险的能力。调查显示，第二代农业转移人口家庭年平均收入、平均存款显著高于第一代；第一代农业转移人口家庭年借贷显著高于第二代。农村经济发展从代次上看依然呈现良好发展趋势，家庭金融情况随社会经济发展越来越好。收入结构方面，农业转移人口多以打工收入为主，农村地区剩余劳动力逐渐从农业流动到第二、第三产业。

（4）支出结构方面，农业转移人口多以生活基本支出为主。在本书所关注的农业转移人口的两个群体中，户籍身份转变对农村居民家庭收入方式产生显著影响，家庭收入结构呈现“不完全城镇化”的特点，家庭支出结构也有了明显变化。调查显示，打工和做生意成为“农转非”居民主要的收入来源，同时务农收入仍然占据重要比重。“农转非”居民转换户口之后，生活成本方面购买食物和住房花费产生了最直接的变化，支出增加最多的是购买粮食的花费，其次是衣物和住房花费。除此以外值得注意的是，有两成的“农转非”居民存在向银行借贷的情况。以户籍转换为重要标志的城镇化，是否真正意义上实现了“农转非”居民生活水平的提高、生活方式的现代化，有待深入思考和辩证看待。

二　政策建议

（1）实现生活方式生产方式的同步市民化。由于户籍制度一直都伴随着就业、教育、福利等生活机遇的变化，在农业转移人口中，“农转非”的策略向来被视为一种地位的向上流动，但是实际上应该同时注意到不同情况的存在。农村居民实现户籍身份的市民化，并不是市民化的终点。在新型城镇化的背景下，特别是就地就近城镇化的过程中，进行户籍身份的转换后，个体最终实现生活习惯的改变，并且融入真正的城市生活，才是市民化更进一步的方向。

（2）改善劳动力市场，激发就业活力。政府应通过改善劳动力市场的就业环境以及为农业转移家庭给予更多的政策关注，提高“双重迁移”下女性及第二代农业转移人口劳动市场参与率，逐步降低劳动力资源的闲置和浪费，从而提高社会劳动生产率。此外，政府在制定政策时，应考虑提高农业转移人口的收入，一方面应持续加强基础教育的投入，另一方面应逐步提高劳动力的技能水平，加大技术培训和在岗培训的财政支持和补贴力度，增强迁移者的就业竞争力。在利用教育和培训提高农村迁移劳动力就业能力的同时，加快城市保障制度改革，完成从“农民”向“市民”的转换过程。

（3）抓住关键，推进公共服务均等化。首先，解决农业转移人口在城市“有活干”的问题，以维系农业转移人口家庭在城市的其他基本生计需要；其次，对随迁子女主要关注其家庭和学校教育、健康社会化与社会融合，解决“有学上”的需求；最后，对随迁父母关注其家庭养老和社会养老支持，考察农业转移人口及随迁父母的养老保险参保情况及其养老意愿，实现“有保障”。与城市户籍人口相比，农业转移人口在子女上学、自身就业、家庭养老、社会融合、权利享有等方面还存在差距和问题。如果不能解决农业转移人口的生存和发展问题，不仅会直接影响农业转移人口及其家庭的基本生活需求，也会对城市人口与社会的可持续发展带来冲击，阻碍城镇化的进程。农业转移人口市民化进程中面临的生计选择很多，可以受雇就业或者创业，政府应该依据其自然资本背景和政策环境，通过合理引导，提高其生计资产组合能力和应用能力，将农业转移人口家庭有限的生计资本发挥最大的效用。

（4）促进地方经济社会发展，引导农业转移人口就地就近就业，维系家庭结构完整。地方各县应根据经济社会发展实情，结合劳力资源禀赋特征，积极发展地方经济，促进地方社会发展，引导农业转移人口就地就近就业，从而维系家庭成员结构相对完好，减少父母外出务工而导致的亲子空间分离和情感关系疏离，以及家庭分割带来的夫妻情感关系梳离。

第二节　个人生计资本

通过对个人人力资本、金融资本、物质资本的研究，得出以下发现并提出相应的政策建议。

一　主要发现

（1）人力资本方面，接受技能培训的农村居民整体比例较高，外出打工对其个人人力资本的增加有促进作用。近一半的农村居民在打工前参加技能培训，三分之二的农村居民在打工过程中参加技能培训，该比例是有个体在打工前、打工过程中都参加了技能培训。

（3）生活费用方面，第二代农业转移人口比第一代对生活费用的预期更高。这是因为，随着时代的发展和生活水平的提高，他们更向往高品质的生活，且对城镇生活融入度较高，期望能够提高生活质量。

（4）职业分布呈“倒丁字型”，“迁而不工”问题严重。农业转移人口普遍受教育程度不高，约六成左右居民为高中以下学历，城镇就业后参加过职业技能培训的比例不足三成，政治资本不强（8%为党员），导致职业阶层呈现明显的“倒丁字型”。由于城市就业压力的存在，“农转非”群体出现了职业转换滞后于户籍转换的现象，无业或失业人员的比例高达20%。

（5）就地就近城镇化区域人力资本支撑有待加强。调查显示，就地就近农业转移居民中第一代农业转移人口占比远高于第二代，以中年和青年为主体，女性占比高于男性，虽整体健康状况较好，但普遍受教育程度不高。随着社会发展即城镇化的推进，高质量可持续的城镇化推进需要多元立体的人力资本结构和较强的人力资本支持，较低的受教育程度将限制农业转移人口适应城镇生活和高质量就业；年轻人口的缺少将导致“农转非”人口的创造力及活力与创造社会财富的能力。整体而言，农业转移人口的中高龄化与教育的相对匮乏不利于城镇化的质量提升与可持续发展。

二 政策建议

（1）坚持把就业摆在政策优先位置，实施更加积极、公平的就业政策，同时建立以市场为导向的就业创业机制，加强对灵活就业、新型就业形态的政策支持。完善相关法律法规，改革城市企业用人制度，不断完善劳动就业信息系统，逐步建立统一的城乡劳动力市场，实现农业转移人口就业的公平竞争。更加重视以农村户籍高校毕业生为重点的青年就业创业，统筹做好农村就业困难人员、农村转移劳动力等农村重点群体就业工作。以创业促进就业，实施中小企业成长工程，创建一批农村居民返乡创业园。加强就业援助，提升公共就业服务能力，健全人力资源市场，加快构建劳动者终身职业培训体系，做好失业预防和调控。

（2）增强农业转移人口的人力资本，多种渠道促进农村地区劳动力就地就近就业。就业是民生之本，创业是发展之基。首先，努力提高农村地区教育质量，全面普及基础教育，鼓励居民接受高等教育，积极发展职业教育，加强农业转移人口群体的技能培训，增强个人在知识方面的人力资本。其次，积极对外招商引资，促进工业经济的发展，在不破坏环境的前提下，通过建立产业园、税收优惠等方式，吸纳劳动密集型产业入驻当地，为当地居民提供更多的就业机会。再次，推动和鼓励有条件的农业转移人口在乡创业，因地制宜发展农林渔牧产业，政府要从技术、资金、销售渠道等方面提供支持。最后，积极利用当地生态资源的优势，发展生态旅游，建设好美丽乡村，通过吸引外来游客推动地区经济发展，促进农村地区劳动力就业。

第三节 未来发展意愿

一 主要发现

（1）农业转移人口对城镇生活的向往程度总体较低，其中户籍、土地、公共服务是其对城镇化工作的核心关切。不到一半的农村户籍人口具有市民化的意愿，但有相当比例的人群具有较好的条件。上学、医疗等优质公共服务和工作等机遇条件，仍然是农村人口进城最重要的现实驱动。

（2）在就业意愿上，新一代的农业转移人口由于受教育程度相对较高，具有相对广泛的就业选择，因而其依赖土地维持生计的比例较低。他们有能力也有更大的意愿定居城市，同时他们之中有更大的比例会在城市通过参与服务行业的工作来挣得工资。在未来城镇化的推进过程中，新一代农业转移人口将成为主力军，应着力关注这一群体的城市就业问题。而对于老一代农业转移人口，应着力解决好土地问题，改革土地制度是推动其市民化的关键。

二 政策建议

（1）城乡联动，以土地为核心解决后顾之忧。着力实现农村和城市协调发展，推动农业转移人口就地就近市民化。农业转移人口就地就近市民化的“拉力”是城市优质的公共服务和生产生活环境，“推力”则是农业生产效率的相对低下和较低的投入产出比。但受传统文化、现实生计和利益等因素影响，七成以上的农业转移人口不愿意放弃农村“三权”特别是土地的承包权。因此，政府应该加强农村和城市的资源配置的顶层设计，以解决土地问题为突破口，积极推动土地流转以及有偿退出机制，特别是把承包地和宅基地退出与社会保障享有有机结合，解除农业转移人口的后顾之忧，最大化推力和拉力协调作用，促进农业转移人口就地就近市民化。

（2）鼓励更多的农业转移人口参加培训，合理调整当地政府与企业在培训中的支付比例。非农技术培训在推动农业转移人口收入增长中发挥重要的作用，尤其是那些能力和技能水平偏低的农业转移人口，当地政府与培训机构需要开展多元化的非农技术培训。为获得更好的培训效果，适当提高其培训费用的个人支付比例，以更好地激励他们认真参加培训并积极寻找工作。政府或企业在需要的情况下不能推卸培训的责任，但也不能包办、替代农业转移人口对培训的自主选择。加强对技能培训需求的研究，推出适应城镇就业发展、符合该群体需要的培训项目，并以此确定培训的对象、内容和渠道等，因地制宜、因时制宜地安排培训。同时有必要改变现有的政府主导型技术培训动员、组织、管理和考核方式，以“去行政化”、专业化为导向改革现有官方培训模式，引入项目化管理模式，提升培训质量，激发培训机构及人员的内生动力，充分发挥技能培训在农业转移人口收入增长中的重要作用，提高培训的实际成效。

世界城镇化实践证明，农业转移人口的市民化是城镇化进程的核心，农村居民和“农转非”居民是市民化进程两端的最重要的群体，城乡生计状况差异是农业转移人口市民化的内在动力，政府政策支撑是有序市民化最重要的保障，不同地域，不同代次群体在城镇化进程中遭受冲击从而形成的恢复力是其可持续发展的最关键性因素。2018 年正值改革开放四十周年，改革从城市辐射到农村，国家由封闭到开放，体制逐渐向市场化转型，城镇化率从 20%显著提升至 58%，人民生活水平日益上升。在这一社会变迁背景下，本研究选取了市民化进程两端的农村居民与“农转非”居民，以中小城镇为主要观察场域，借以可持续生计框架与生计恢复力等理论概念，描绘不同发展水平地区个体与家庭的生计资本基本图景，同时分析代次之间生计资本的差异与传递，以体现中小城镇场域下市民化进程中生计状况的基本轨迹。

第四节　生计恢复力

一　主要发现

本节借鉴可持续生计框架与生计恢复力研究框架，基于就近城镇化背景下农业转移人口的特点，描绘了“农转非”居民与农村居民在个体与家庭层面的具体生计表现，设计了农业转移人口生计恢复力测量指标体系，通过主成分分析法对指标权重赋值，使用归一化和无量纲化手段，并结合一手调查数据，构建了农业转移人口生计恢复力测算指标体系。农村居民生计恢复力与“农转非”居民生计恢复力指标体系由于其自身的特征表现差异而有所不同，本书在分析的过程中进行了相似元素的比对。首先是这两个群体存在差异：

(1) “农转非”居民在健康状况、社会关系网络、亲友职业声望、社会正式公共事务参与、教育程度、技能培训等方面所表现出的优势更高。

“农转非”居民作为一个已实现转换户籍的群体，在决定重要的生计策略前，会理性地对自身以及家庭生计资本做出衡量，相比农村居民，该群体身体更加健康、教育程度相对更高，且对未来职业与生活发展抱有期待与信心。而农村居民则在邻里信任度、职业自我效能感、职业交流状况、学习期望等方面表现出更大的优势，因为该群体常以兼业作为主要生计状态，其中重要的就业渠道就是务农，因此他们的自我效能更高，职业内交流更为频繁。同时，乡村场域中邻里间更为熟识，邻里关系更为密切，这是由生活与居住环境共同决定的，该群体在求职时遇到的阻碍以及对自身工作不尽满意，使其对学习工作技能的期望非常高。

（2）农村居民生计恢复力影响因素主成分中权重最高的因素为家庭年收入、个人月收入，这两个因素扮演着最为重要的角色，“农转非”居民则为职业信息交流状况、社会关系网、职业自我效能感在主成分分析中的权重较高。农村居民主要从事农业生产，收入受环境等因素的波动性影响较大。较农村居民而言，“农转非”居民受到的外来冲击主要是就业环境的变换，因此首要生计风险与压力来自职业适应和生活环境适应所带来的生计恢复力的转变。

（3）在计算生计恢复力指标各维度的权重值时，农村居民指标体系中缓冲能力对生计恢复力最终数值产生了较大影响，其中，土地收益对生计恢复力的支撑力度较弱。而在“农转非”居民的指标体系下，缓冲能力对生计恢复力最终效果产生了最强的影响效应，更加需要自身基本的资源禀赋帮助“农转非”居民尽快转移生计模式，尽快提升自身能力以适应外部政策环境，并应对生计恢复力差的弱势群体给予更多的关注与支持。

同时两个群体也存在许多共同点：

（1）农业转移人口生计恢复力整体弹性较大，恢复力最差群体与最优群体间存在相当大的距离，恢复力尚有非常大的发展区间。农村居民与“农转非”居民的生计恢复力组内差异都较大，一部分农业转移人口表现出极佳的生计恢复力弹性，然而少部分农业转移人口依然存在落入贫困的风险。因此，应在政策上帮扶极差者、带动中等者、鼓励极优者的同时，因人而异地对不同个体进行帮扶，着重关注恢复力较差的个体，缩小生计恢复力的组内差距。

（2）农业转移人口受教育程度普遍偏低，这使他们转移至城市时进入完全竞争的劳动力市场，该市场具有非正规性、保障不完善等特征，因此就业岗位技术培训至关重要，他们非常期望可以得到专业的岗位技术培训，学习职业技能，增强自身的不可替代性，提高自身人力资本以提升自我竞争力，更加快速地融入城市劳动力市场，最终达到提高就业收入的目的。

（3）就地就近城镇化农业转移人口在城镇的社会网络具有很强的地缘性，亲友作为强关系社会资本嵌入社会网络中对其在城镇的生活发挥了作用。亲友职业声望较高对农村居民进城具有巨大的拉力，中国一直以来仍然保持着人情社会的特征，较高职业声望的亲友意味着拥有更多的社会资源与信息，部分农村居民可以利用这些优势资源与信息，帮助自身获取更好的就业机会并且更有可能拉近其与城市的心理距离，促进自身快速融入城镇，适应城镇生活，最终有利于促进市民化进程的加快。

二 政策建议

农村居民

（1）加强农村社会保障体系建设，有效保障农民基本生活。政府要对农村居民的保障体制加大资金投入，不断完善农村社会保障制度，推进新农保制度试点工作，基层组织应做好社会保障的长久受益宣传，鼓励农村居民积极参保，扩大各项社会保障覆盖面。其次，完善农村地区的社会保险、社会救济、社会福利，使每一个农民受益。此外，应充分实现社会保障对农村居民生活的稳定功能，建成一体化的城乡社保体系为农村居民在乡村和城镇的生活能够提供基本保障，提高面对风险的能力，让农村和城市享有相同的保障体制。

（2）进行农业技术培训，夯实土地收益对农村居民的基础经济功能。面对一些农民由于受到自身知识的限制，无法获取先进有效的生产技术等问题，企业应加大农民的培训力度。首先，在农村土地收益方面，当地政府可邀请有经验的专家或学者对农村居民进行培训，聚焦技术脱贫，促进农业不断增效，激发农民农业生产活力。其次，加强基层政府与科技机构合作，共同助力培养基层农业技术推广人员，带领农村居民科学耕地、高效耕地，让农村居民了解更多的职业知识，把握新型农业发展。

（3）深化农村土地制度改革，落实农村土地“三权分置”工作，为乡村振兴奠定基石。有一部分农业转移人口依旧想保留土地收益，县级农业技术培训中心集中传授农业技术培训、优化农业设施以及农业品种选取，提高耕种效率的同时重视特色农产业的带动作用。加快推进农村土地确权登记颁证工作，夯实农地“三权分置”的产权基础，完善承包地“三权分置”制度。以转变农业生产方式为重点来推进乡村振兴战略，积极推进土地流转、激活土地活力，加速家庭农场、专业大户、农业产业化龙头企业三大新型农业经营主体发展壮大，在必要时发掘农业新的经营模式，将农产品与电商渠道相结合。

（4）促进农村居民在城镇的就业市场正规化，改善农村居民的就业环境。首先，运用农村基层村委会以及宣传方式，为农村居民提供更广泛的就业信息渠道和更有针对性的就业路径，运用农村居民更易接触到的就业宣传方式，传播真实有效有针对性的就业信息。其次，应采取灵活有效的措施，通过财政支持、税收优惠和政府采购等优惠政策鼓励和扶持农村地区发展劳动密集型中小企业，使它们成为解决农村剩余劳动力就业的有效途径。

“农转非”居民

（1）推动住房设施优化，实现住房补贴增长。要立足城镇化进程和政府的财力，多途径、多渠道为“农转非”城市定居创造条件。优化“农转非”居民安置房设施，增加“农转非”居民的住房补贴，建立多层次城市住房供应系统，提高该群体在城镇的住房质量，从而直接提升居民生活幸福感，使“农转非”居民具有良好的居住环境。

（2）社区与企业共同鼓励“农转非”居民参与社区、社会事务，加强其归属感。社区与企业是“农转非”居民生活工作的重要组成部分，社区与企业加强对“农转非”这类新城市居民的关注，带动其参加各类组织、活动，给予一定的人文关怀，帮助其扩大在城市的社会关系网，为这一新兴群体更好、更快地融入城镇生活提供保障。

（3）加强政企合作，提升就业技能培训，形成以就业企业为主导、政府协同的培训框架。政府在“农转非”及农村居民技能培训中，与企业合作提供人力、物力、财力资源，助力技术培训投入，为增加“农转非”居民就业选择、工作收入、生活稳定性奠定坚实的基础。政府部门应持续完善创业支持体系，为农业转移人口提供必要的创业指导，并从政策与资金等方面给予支持。企业要响应政府号召，针对不同年龄段，不同岗位的人员实行分类培训，提高职业认知与职业适应能力。如税收优惠政策、担保政策等；针对失地农民在创业过程中遇到的资金问题，相关政府部门应从税收、金融等方面给予政策扶持。

（4）做好职业技能鉴定工作，为“农转非”居民做好就业指导。政府与社会组织广泛参与，对已有技能的居民做技能鉴定并发放证书，建立就业基地对该群体进行就业指导，为其指明就业方向以及所需能力，发展适宜该群体的劳动密集型产业与合适的岗位。

参考文献

[1] Adger W N. Social and ecological resilience: are they related? [J]. Progress in Human Geography, 2000, 24 (3): 347-364.

[2] Adger W N, Brooks N, Bentham G, et al. New Indicators of Vulnerability and Adaptive Capacity [J]. Tyndall Centre for Climate Change Research, 2008.

[3] Adrienne Johnson, Anthony Bebbington. Rural Social Movements in Latin America: Organizing for Sustainable Livelihoods [J]. Journal of Peasant Studies, 2011, 67 (3): 136-137.

[4] Bebbington A. Capitals and Capabilities: A Framework for Analyzing Peasant Viability, Rural Livelihoods and Poverty [J]. World Development, 1999, 27 (12): 2021-2044.

[5] Bourdieu, Pierre. The Forms of CapitaI, In John G. Richardso (n ed): Handbool of Theory and Research for the Sociology of Education. New York: Greenwood Press, 1986.

[6] Brueckner S A, Parunak H V D. Self-Organizing MANET Management [M] // Engineering Self-Organising Systems. 2003.

[7] Chambers R, Conway G R. Sustainable rural livelihoods: Practical concepts for the 21st century [J]. IDS Discussion Paper No. 296. Brighton, Institute of Development Studies, 1991, 296.

[8] DFID. Sustainable livelihoods guidance sheets [J]. 1999.

[9] Ellis F, Ellis F. Rural livelihoods and diversity in Developing Countries. [M] // Rural Livelihoods and Diversity in Developing Countries. Oxford

University Press, 2000.

[10] Folke C, Carpenter S, Elmqvist T, et al. Bioone Online Journals Resilience and Sustainable Development: Building Adaptive Capacity in A World of Transformations [J]. Ambio A Journal of the Human Environment, 2001, 31 (5): 437-440.

[11] Gabor T, Griffith T K. The Assessment of Community Vulnerability to Acute Hazardous Materials Incidents [J]. Journal of Hazardous Materials, 1979, 3 (4): 323-333.

[12] Gallopín G C. Linkages Between Vulnerability, Resilience, and Adaptive Capacity [J]. Global Environmental Change, 2006, 16 (3): 293-303.

[13] Holling C S. Resilience and Stability of Ecological Systems [J]. Annual Review of Ecology & Systematics, 1973, 4 (4): 1-23.

[14] Ifejika Speranza C, Wiesmann U, Rist S. An indicator framework for assessing livelihood resilience in the context of social - ecological dynamics [J]. Global Environmental Change, 2014, 28: 109-119.

[15] Ludwig, D., Walker, B. H., Holling, C. S. Sustainability, stability, and resilience. Ecology & Society, 1997, 1 (1).

[16] Mearns, Robin. Decentralisation, rural livelihoods and pasture - land management in post - socialist Mongolia [J]. The European Journal of Development Research, 2004, 16 (1): 133-152.

[17] O' Connell D A, Walker B, Abel N, et al. The Resilience, Adaptation and Transformation Assessment Framework: From Theory to Application [J]. 2015.

[18] Phansalkar S J. Contours of Rural Livelihoods in India in the Coming Half-Century [J]. International Journal of Rural Management, 2005, 1 (2): 145-166.

[19] Phansalkar S J. Contours of Rural Livelihoods in India in the Coming Half-Century [J]. International Journal of Rural Management, 2005, 1 (2): 145-166.

[20] Pimm S L. The complexity and stability of ecosystems [J]. Nature,

1984，307（5949）：321-326.

[21] Scheffer M，Carpenter S，Foley J A，et al. Catastrophic shifts in ecosystems [J]. Nature，2001，413（6856）：591.

[22] Scoones I. Sustainable Rural Livelihoods：A Framework for Analysis [J]. Subsidy Or Self，1998..

[23] Timmerman P. Vulnerability，Resilience and The Collapse of Society：A Review of Models and Possible Climatic Applications [D]. Toronto：University of Toronto，1981.

[24] Todaro M P. A model of labor migration and urban unemployment in less developed countries. [J]. American Economic Review，1969，59（1）：138-148.

[25] UN-HABITAT，STATE OF THE WORLD' S CITIES 2008/2009 [M]，Earthscan，2008；184-226

[26] Walker B，Gunderson L，Kinzig A，et al. A Handful of Heuristics and Some Propositions for Understanding Resilience in Social-Ecological Systems [J]. Ecology & Society，2006，11（1）：709-723.

[27] 陈丹、唐茂华：《我国城镇化的现实困境与思路创新》，《学习与实践》2013年第9期，第33~44页。

[28] 陈佳、杨新军、尹莎：《农户贫困恢复力测度、影响效应及对策研究——基于农户家庭结构的视角》，《中国人口·资源与环境》2016，26（1）。

[29] 陈永平、李委莎：《农村社区生活中的宗族势力》，《社会》1991年第9期，第8~11页。

[30] 费孝通：《乡土中国》，《上海观察社》，1948

[31] 费正清：《美国与中国》，《世界知识出版社》，1999。

[32] 靳小怡、李成华、杜海峰：《可持续生计分析框架应用的新领域：农民工生计研究》，《当代经济科学》。

[33] 黎洁、李亚莉、邰秀军等：《可持续生计分析框架下西部贫困退耕山区农户生计状况分析》，《中国农村观察》2009年第5期，第29~38页。

[34] 李春青：《面向可持续发展的人力资本开发》，《继续教育》2007年第12期，第26~28页。

[35] 李聪、李树茁、梁义成：《外出务工对流出地家庭生计策略的影响——来自西部山区的证据》，《当代经济科学》2010，32（3）。

[36] 李强、刘海洋：《变迁中的职业声望——2009年北京职业声望调查浅析》，《学术研究》2009年第12期。

[37] 李强、陈宇琳、刘精明：《中国城镇化“推进模式”研究》，《中国社会科学》2012年第7期，第82~100、204~205页。

[38] 李天娇、曹广忠：《珠三角地区新生代农民工求职渠道特征及影响因素》，《城市发展研究》2013年，20（9），第98~105页。

[39] 李小云、董强、饶小龙等：《农户脆弱性分析方法及其本土化应用》，《中国农村经济》2007年第4期，第32~39页。

[40] 李跃平、黄子杰：《我国当前社会医疗保障制度存在的问题及对策》，《中国全科医学》2007年，10（5），第362~363页。

[41] 梁义成、李树茁、李聪：《基于多元概率单位模型的农户多样化生计策略分析》，《统计与决策》2011年第15期，第63~67页。

[42] 刘传江：《新生代农民工的特点、挑战与市民化》，《人口研究》2010，34（02），第34~39、55~56页。

[43] 刘传江：《新生代农民工的特点、挑战与市民化》，《人口研究》2010，34（02），第34~39、55~56页。

[44] 刘利萍：《期望理论的激励作用探析》，《现代企业文化》2011年第11期，第91~92页。

[45] 刘璐宁：《流动人口城镇就业渠道选择的实证研究》，《现代城市研究》2014年第5期，第78~83页。

[46] 刘艳：《外来务工人员就业满意度的影响因素分析》，《商》2015年第39期，第38~41页。

[47] 罗倩文、王千六、李强：《传统农户的土地资源决策行为与贫困地区农村可持续发展——潘家村的调研分析》，《生态经济》2009年第6期。

[48] 倪鹏飞：《新型城镇化的基本模式、具体路径与推进对策》，《江海学

刊》2013 年第 1 期，第 87~94 页。

[49] 潘海生：《就地城镇化：一条新型的城镇化道路——关于浙江省小城镇建设的调查与思考》，《中国城乡统筹发展网》，http://www.cndua.cn/6/4/2012-07-17/2365.html，2012-07-17。

[50] 彭钱英：《农产品价格对农户耕地投入的影响研究》，《华中农业大学》，2009。

[51] 蒲春玲、马瑛、薛曜祖等：《新疆南部地区棉农生计变化影响因素分析：基于阿克苏地区阿瓦提县 400 户棉农的调查数据》，《技术经济与管理研究》2011 年第 4 期，第 22~25 页。

[52] 施丹、李燕萍：《共享式增长理念下的农村人力资源开发研究——以中部地区为例》，《中国流通经济》2010，24（9），第 74~7 页。

[53] 石智雷、王佳：《外出务工经历与农村劳动力新技术获得》，《中南财经政法大学学报》2013 第 2 期，第 48~56、159 页。

[54] 苏芳、徐中民、尚海洋：《可持续生计分析研究综述》，《地球科学进展》2009，24（1），第 61~69 页。

[55] 苏芳、蒲欣冬、徐中民等：《生计资本与生计策略关系研究：以张掖市甘州区为例》，《中国人口·资源与环境》2009，19（6），第 119~125 页。

[56] 苏芳：《农户生计风险对其生计资本的影响分析——以石羊河流域为例》，《农业技术经济》2017 年第 12 期，第 87~97 页。

[57] 孙友然、凌亢、张新岭、白先春：《我国农业转移人口市民化研究综述》，《西北农林科技大学学报》（社会科学版）2016，16（2）。

[58] 汤青、徐勇、李扬：《黄土高原农户可持续生计评估及未来生计策略——基于陕西延安市和宁夏固原市 1076 户农户调查》，《地理科学进展》2013，32（2），第 161~169 页。

[59] 魏后凯、苏红键：《中国农业转移人口市民化进程研究》，《中国人口科学》2013 年第 5 期，第 21~29、126 页。

[60] 谢东梅：《农户生计资产量化分析方法的应用与验证：基于福建省农村最低生活保障目标家庭瞄准效率的调研数据》，《技术经济》2009，28（9），第 43~49 页。

[61] 谢旭轩、朱山涛:《退耕还林对农户可持续生计的影响》,《北京大学学报》(自然科学版) 2010 年, 46 (3), 第 457~464 页。

[62] 新华社:《中共中央关于全面深化改革若干重大问题的决定》,《中国合作经济》2013 年, 34 (11), 第 7~20 页。

[63] 徐鹏、徐明凯、杜漪:《农户可持续生计资产的整合与应用研究: 基于西部 10 县 (区) 农户可持续生计资产状况的实证分析》,《农村经济》2008 年第 12 期, 第 89~93 页。

[64] 阎建忠、吴莹莹、张镱锂等:《青藏高原东部样带农牧民生计的多样化》,《地理学报》2009 年, 64 (2), 第 221~233 页。

[65] 杨培涛:《牧民生计资本与生计策略的关系研究: 以甘南藏族自治州为例》, 西北师范大学, 2009。

[66] 杨小慧、王俊、刘康:《半干旱区农户对干旱恢复力的定量分析——以甘肃省榆中县为例》,《干旱区资源与环境》2010 年, 24 (4)。

[67] 杨云彦、赵锋:《可持续生计分析框架下农户生计资本的调查与分析——以南水北调 (中线) 工程库区为例》,《农业经济问题》2009 年第 3 期, 第 58~65 页。

[68] 张桂文:《中国城镇化进程中"农村病"和"城市病"及其治理》,《辽宁大学学报》(哲学社会科学版) 2014 年, 42 (3), 第 18~24 页。

[69] 张婷麟、孙斌栋:《美国城市化的新趋势及对中国新型城镇化的启示》,《城市发展研究》2018 年, 25 (6), 第 17~22 页。

[70] 张卫、何雨、王树华:《有序推进农业转移人口市民化的障碍及其对策研究——以江苏为例》,《现代经济探讨》2013 年第 12 期, 第 54~58 页。

[71] 张燕:《加快完善我国农业转移人口的社会保障制度》,《经济纵横》2014 年第 1 期。

[72] 张耀军、岑俏:《中国人口空间流动格局与省际流动影响因素研究》,《人口研究》2014 年, 38 (5), 第 54~71 页。

[73] 赵继颖、周利秋:《农业转移人口市民化进程中的社会保障问题研究》,《学习与探索》2013 年第 11 期, 第 32~35 页。

[74] 赵汝成：《医疗跨省就医联网即时结报工作实践》，《解放军医院管理杂志》2017年第10期，第36~38页。
[75] 赵雪雁：《生计资本对农牧民生活满意度的影响：以甘南高原为例》，《地理研究》2011年，30（4），第687~698页。

附　录

陕西省汉中就地就近城镇化调查问卷

农村居民卷

被访人姓名______________ 问卷编码：□□□□□□□□□□□

调查时间：□□月 □□日如果调查未完成，原因是：__________________

调查地点：________________街道________________社区________________

门牌号；______________街道__________________工厂

调查员姓名______________（签名） 审核员姓名______________（签名）

问卷是否合格（在方格内打“√”）：合格 □ 不合格□（原因）_____

亲爱的朋友：您好！西安交通大学新型城镇化与可持续发展课题组正在做一项有关农村居民发展情况的社会调查，需要了解一下您的个人、家庭相关信息，供研究使用。本次调查收集到的信息将严格保密，谢谢您的支持和合作！

西安交通大学公共政策与管理学院

新型城镇化与可持续发展课题组

2016 年 10 月

第一部分 基本情况

101 您的性别： 1. 男 2. 女 □

102 您是什么时候出生的？ 阳历：□□□□年 □□月

103 您的受教育程度是： □

1. 不识字或很少识字 2. 小学 3. 初中 4. 高中 5. 技校/中专
6. 大专 7. 本科及以上

104 您的婚姻状况是:(说明:“初婚”指只结过一次婚,且目前尚存在婚姻关系) □

1. 从未结过婚 2. 初婚 3. 再婚 4. 丧偶 5. 离婚

105 您现在的政治面貌是? □

1. 共青团员 2. 共产党员(含预备党员) 3. 民主党派 4. 群众

106 您现在的户口所在地:__________省(直辖市/自治区)________市__________县(区)__________乡(镇)/街道办

107 您认为您的健康状况如何? □

1. 非常好 2. 较好 3. 一般 4. 较差 5. 非常差

108 您的家庭成员若与您同住请在第一列方框中打√;该成员中有非农户籍者请在第二列方框中打√。

	同住	非农户籍		同住	非农户籍		同住	非农户籍
01. 配偶	□	□	02. 父亲	□	□	03. 母亲	□	□
04. 小于 16 岁子女	□	□	05. 16 岁以上子女	□	□	06. 儿媳	□	□
07. 女婿	□	□	08. 孙子女	□	□	09. 兄弟	□	□
10. 姐妹	□	□	11. 岳父/公公	□	□	12. 岳母/婆婆	□	□
13. 其他亲属	□	□	14. 无亲属关系者	□	□		□	□

109 父(母)在您 16 岁之前是否离开家乡外出打过工? □

1. 是 2. 否(跳问 201 题)

109.1 在此期间,您主要在哪里生活? □

1. 父母均外出打工,自己留在家乡。
2. 父母一方出去打工,与一方留在家乡。
3. 跟随父母(或一方)到其打工的城市生活。

第二部分 生计与就业

201 过去 12 个月里,您个人每月的平均收入为□□□□□□元;您家的总收入约为□□□□□□□元，总支出约为□□□□□□□元，总借贷约为□□□□□□□元，总存款/投资理财约为□□□□□□□元。

202 过去 12 个月里，您家最主要的三项收入来源依次为： □□□

1. 打工工资 2. 股票、期货等理财品 3. 做生意 4. 政府补贴

5. 务农收入 6. 其他（请注明）＿＿＿＿＿＿

203 过去 12 个月里，您家最主要的三项资金支出依次为 □□□

1. 购买衣物 2. 购买食物 3. 居住费用 4. 交通及通信

5. 做生意、理财品等投资 6. 家具/家电 7. 文化娱乐

8. 教育支出 9. 医疗保健 10. 其他（请注明）＿＿＿＿＿＿

204 您在城镇购买的房屋位于（多套住房答价值最高的住房情况）： □

1. 城镇无房，计划买（跳问 207 题）

2. 城镇无房，没计划买（跳问 207 题）

3. 乡镇 4. 县城 5. 汉中市区 6. 陕西省内其他城市

7. 陕西省外其他城市

205 您在城镇的房屋面积为□□□平方米，购买时间为□□□□年，现在值□□□万元。

206 您购买城镇住房的最主要原因是： □

1. 工作需要 2. 结婚需要 3. 孩子上学 4. 父母养老 5. 投资

6. 大家都买了 7. 其他（请注明）

207 您当前居住的房屋面积约为 □□□平方米。您家宅基地面积为□□□平方米；宅基地地上的房屋建于□□□□年，现在大约值□□□万元。

208 您当前居住房屋的设施情况：

1. 网络 0. 没有 1. 有	□	2. 煤气/液化气/天然气 0. 无 1. 有	□

209 最近 12 个月您在外务工 □□个月，其中在本县务工□□个月。

有过外出务工经历的农村居民回答以下题目（即 210-214），未流动的农村居民跳问 215 题。

210 您参加的职业技能培训情况如何？

1. 没参加过 2. 参加过

1. 打工前，您是否参加过技能培训	□	2. 打工期间，您是否参加过技能培训	□

211 您第一次外出务工是什么时候？ 阳历：□□□□年□□月

212 您最后一次外出务工是什么时候？ 阳历：□□□□年□□月

213 您最后一次外出务工时的主要工作，主要依靠下列哪种方式获得新工作？ □□

01. 国家分配/组织调动 02. 参加招聘会/人才交流会

03. 职业介绍机构（中介） 04. 继承父母（或其他亲属）产业

05. 亲戚/老乡介绍 06. 朋友/同事/熟人介绍

08. 刊登求职广告 09. 直接上门求职/应聘

10. 自己创业/个体 11. 其他（请注明）__________

214 您这次选择返回农村的最主要的原因是： □□

01. 农忙 02. 没有赚到钱 03. 不满意外面的工作

04. 失业/找不到工作 05. 不习惯外面的生活

06. 家乡发展机会更好 07. 本人生病 08. 家人生病

09. 孩子上学需要/照顾幼儿 10. 结婚

11. 照顾父母 12. 其他（请注明）__________

215 根据您和家人的工作情况，回答以下问题（退休填退休前最后一份职业，曾就业学生填入学前职业；失业/操持家务者填最后一份工作情况）

1. 党政机关/事业单位负责人

2. 国有/集体企业负责人（如经理、厂长等）

3. 私营企业主（雇员 8 人以上）

4. 专业技术人员 5. 普通公务员、办事人员

6. 个体工商户（雇员 8 人以下） 7. 商业服务业人员

8. 技术工人 9. 非技术工人 10. 农林牧渔业生产人员

11. 无业失业半失业者 12. 学生

14. 其他（请注明）__________

1. 您当前在农村从事的工作属于哪种类型？	□□________
2. 您配偶/男女朋友目前做的工作，属于哪种类型？（无配偶者不填）	□□________
3. 您父亲的职业是？（收入最高的职业）	□□________
4. 您母亲的职业是？（收入最高的职业）	□□________

216 请根据当前情况对以下各方面做出评价：

1. 非常满意 2. 比较满意 3. 一般 4. 不大满意 5. 很不满意

1. 个人收入 □	2. 职业/工作 □	3. 总体生活状况 □	4. 公共服务 □	5. 治安 □

217 您认为，每月最少需要多少钱才可以维持您本人在农村的基本生活？

□□□□元

218 您觉得，每月最少需要多少钱才可以维持您本人在城镇的基本生活？

□□□□元

219 您在空闲时间从事以下活动的频率？

1. 经常 2. 有时 3. 没有

01. 出去看电影	□	02. 逛街购物	□	03. 读书/报纸/杂志	□
04. 上网	□	05. 与同学、朋友聚会	□	06. 在家听音乐	□
07. 参加体育锻炼	□	08. 学习充电	□		
09. 参加文化活动，如跳广场舞，看文艺演出			□	10. 做手工（如刺绣、木工）	□

第三部分 城镇化政策

301 您目前在本城镇参加社会保险的情况： □

1. 参加请打钩√ 2. 未参加任何保险（跳问 302 题）

	1 养老保险	2 医疗保险	3 工伤保险
301. 2 您自己参加的保险	□	□	□
301. 3 您的配偶参加的保险（无配偶跳问 302）	□	□	□

302 您觉得在农村生活最吸引您的是哪方面？（请选择最重要的一项） □

01. 可以保留土地 02. 亲戚朋友在农村

03. 农村生态环境好 04. 农村压力小/较自由

05. 现在政策好，农村也能享受基本公共服务

06. 在农村不受歧视 07. 年龄见长，希望待在家乡

08. 便于照顾孩子 09. 便于照顾父母

10. 农村土地/宅基地可以流转 11. 其他（请注明）__________

303 您觉得农村生活不好的地方有哪方面？（请选择最重要的一项） □

1. 就业选择小 2. 教育质量低 3. 生活单调、无法满足需求

4. 医疗/卫生等公共服务较差 5. 信息闭塞 6. 生活方式落后

7. 不方便购买所需物品 8. 其他（请注明）__________

304 您觉得在城市生活最吸引您的是哪方面?（请选择最重要的一项） □

1. 就业好、收入高 2. 亲戚朋友在城市 3. 生活更加丰富

4. 市民社会地位高 5. 社会保障和福利水平更好

6. 教育水平较高 7. 其他（请注明）__________

305 您觉得城市生活不好的地方是哪方面?（请选择最重要的一项） □

1. 农村土地无法保留 2. 无法享受农民的惠民政策 3. 生活成本高

4. 生态环境差 5. 背井离乡 6. 不习惯城市生活/难以融入他们

7. 其他（请注明）__________

306 如果您打算获得城市户口，希望未来多少年内获得? 不打算获得城市户口者填“99□□年

307 您以后准备在哪里长期发展或者定居? □

1. 老家农村 2. 老家所在乡镇 3. 老家所在县城

4. 老家所在市区 5. 到其他大城市（地级及以上城市）

6. 到其他中小城镇（县/乡/镇） 7. 没考虑过，还没想法

308 根据您现在的自身条件，您以后希望从事哪一产业的工作? □

1. 农业、牧业、渔业等 2. 建筑业、制造业、采矿等

3. 储运业、餐饮业、商业或服务业、教育行业、公务员等

309 您的家庭拥有的土地（包括承包耕地、承包林地、水塘等）每年收益□□□□□元。

310 您最希望以后农村承包地如何调整? □

1. 土地确权，永久不变 2. 可以按照需要定期进行调整

3. 在30年的承包期限内，最好不要调整土地

311 您对当地进行的土地、宅基地和集体财产确权发证工作是否满意? □

1. 很满意 2. 比较满意 3. 一般 4. 比较不满意 5. 十分不满意

312 您是否愿意参与承包地流转?

1. 愿意，不管流入还是流出 2. 愿意流出 3. 愿意流入

4. 不愿意流转 □

313 近五年，您家是否参与过承包地流转? □

1. 是，流出 2. 是，流入 3. 否

314 您家是否经历过土地征收？ □

1. 是 2. 否（跳问 315 题）

314.1 您家土地被征收发生在□□□□年；

当年协议补偿价为□□□□□元或每亩□□□□元（置换等不适用情况填“00000”）

314.2 您对以下方面是否满意？

1. 很满意 2. 比较满意 3. 一般 4. 比较不满意 5. 十分不满意

1. 土地征收的过程 □	2. 征地补偿结果 □	3. 对失地农民的帮扶政策 □

315 您的农村集体财产（如村集体所有的土地等自然资源和其他固定资产等）是否还有收益？ □

1. 一直没有收益 2. 过去有，现在没有 3. 一直有收益

4. 其他（请注明）______________

316 如果您获得了城市户口，希望目前在老家承包的土地如何处置： □

1. 保留，自家耕种 2. 保留承包地，有偿流转（获得收入）

3. 入股分红 4. 有偿放弃 5. 无所谓，随便

317 如果您获得了城市户口，希望如何处置宅基地或房产？ □

1. 保留农村的宅基地和房产，备将来用 2. 有偿转让或有偿放弃

3. 置换城里的房 4. 无所谓，随便处理

318 如果愿意一次性放弃全部农村宅基地使用权、耕地承包权与集体资产收益权，您认为哪项最重要 □

1. 60 岁以后，每月发放 2000 元（每年根据物价进行上浮调整，满足基本生活）；

2. 一次性补贴 3. 提供稳定的就业与工作 4. 提供城市住房

5. 保障孩子能够在城市上学 6. 无论如何不放弃

319 请根据您的实际情况回答：

	您是否由于土地房屋纠纷、欠工资等问题有过以下经历？（请打钩√）	若遭受不公平待遇，您是否会采取以下行动？（请打钩√）
1. 打官司、信访、向政府投诉	□	□

续表

	您是否由于土地房屋纠纷、欠工资等问题有过以下经历？（请打钩√）	若遭受不公平待遇，您是否会采取以下行动？（请打钩√）
2. 集体上访、签名请愿、静坐抗议	□	□
3. 罢工、集体抗议	□	□
4. 与亲戚朋友一起去讨公道	□	□
5. 通过新闻媒体、网络曝光问题	□	□

320 过去五年，您是否参与过以下选举？

1. 是　2. 否，但希望参与　3. 否，也不想参与

1. 各级人大选举　□	2. 居住地所在社区居委会/村委会选举　□

321 乡镇政府开展了很多工作，对此您认为：

1. 没有　2. 有小部分　3. 一半　4. 绝大多数　5. 全是

1. 乡镇政府所做的事情有多少是对的　□	2. 乡镇政府工作人员是否能够胜任他们的工作？　□

第四部分　恢复力

401 您所在的家族是不是本村的大家族（大家族指本村主要姓氏）？　□

1. 是　2. 否

402 目前村里您的家人、亲属有□□人，关系较好的朋友□□人。

403 您的亲属、朋友中有没有下列职业的人？（有的话在①、②列相应位置打钩√）

职业名称	亲属①	朋友②	职业名称	亲属①	朋友②
01 政府机关局长	□	□	11 会计	□	□
02 公司经理	□	□	12 小企业厂长	□	□
03 大学老师	□	□	13 包工头	□	□
04 医生	□	□	14 银行职员	□	□
05 工程师	□	□	15 律师	□	□
06 中小学教师	□	□	16 建筑工人	□	□

续表

职业名称	亲属①	朋友②	职业名称	亲属①	朋友②
07 国家机关普通职员	□	□	17 小餐馆厨师	□	□
08 个体户	□	□	18 保姆	□	□
09 民警	□	□	19 保安	□	□
10 车间主任	□	□	20 废品收购员	□	□

404 请您回忆，近一个月您与邻居家聊天的频率： □

1. 每天几次　2. 每天一次　3. 每周几次　4. 每周一次　5. 很少聊

405 请根据您跟您邻居（非亲戚）交往的真实情况回答以下问题：（请打钩√）

1. 知道他们家户主的姓	□	2. 知道他们的工作	□
3. 知道他们家平时有几口人常住	□	4. 平时见面会互相打招呼	□
5. 和他们聊过家常	□	6. 和他们家互赠过礼物	□
7. 到他们家吃过饭	□	8. 向他们家借过大额的钱物	□
9. 相互倾诉烦恼，并请对方参谋	□	10. 各自家里长期没人住的时候，请对方帮忙看家	□

406 您是否同意以下说法？

1. 非常同意　2. 比较同意　3. 一般　4. 不太同意　5. 很不同意

1. 跟周围人相比，我更能胜任自己的工作	□	2. 跟周围人相比，我算是个“专家”	□
3. 必要时，我能找专业人士帮忙	□	4. 我可以经常跟朋友相互沟通	□

407 您所居住的地方交通是否便利 □

1. 是　2. 否

408 在您生活的社区里，便民服务设施较去年是否有明显改善？ □

1. 是　2. 否　3. 不清楚

409 您对社区现有的便民组织和公共服务建设是否满意？ □

1. 很满意　2. 比较满意　3. 一般　4. 比较不满意　5. 十分不满意

410 您参与过的正式公共事务的内容通常是（多选，请打钩）

1. 村务日常工作的决策和管理 □

2. 村民选举 □

3. 村民监督 □

4. 维护村内治安 □

5. 参与村委会举办的活动 □

6. 不清楚 □

411 您对未来收入增长的态度是? □

1. 很乐观 2. 比较乐观 3. 一般 4. 比较悲观 5. 很悲观

412 您是否同意以下观点:

1. 非常同意 2. 一般同意 3. 中立 4. 不太同意 5. 非常不同意

1. 我希望可以学习更多的技术来养家,比如参加培训课程等 □

2. 如果生活需要,我可以在除了这里的其他的地方很快地找到工作 □

3. 我觉得如果面对生活上的变动,我比其他的人能更好地接受它 □

4. 我对我和家庭的金融资金有明确的安排和计划 □

5. 我时常有被社会淘汰的感觉 □

6. 我相信明天总是美好的 □

413 您是否同意以下观点:

1. 非常同意 2. 一般同意 3. 中立 4. 不太同意 5. 非常不同意

1. 生活质量会得到持续提高 □

2. 孩子未来会发展得比我好 □

3. 对未来的家庭发展有较清晰的规划 □

414 您是否在以下方面感到压力?

1. 完全没有压力 2. 不太有压力 3. 一般 4. 比较有压力 5. 非常有压力

1. 农业收入低	□	2. 收入低	□
3. 住房条件差或不好找房子	□	4. 没有家人和朋友,感情上孤独无依	□
5. 养家负担重	□	6. 工作强度大	□
7. 婚恋问题(不好找对象或婚姻破裂)	□	8. 赡养老人	□
9. 子女上学难	□		

第五部分　婚姻与家庭

501 您认为一个家庭最理想的孩子数是：总数□（其中：男孩□个，女孩□个，无所谓男女□）

502 您是否认同以下说法？

1. 非常不认同　2. 不认同　3. 一般　4. 认同　5. 非常认同

1. 农村的孩子读不读书都无所谓	□	2. 无论家庭经济多么困难，也要让孩子上学读书	□

503 您期望您的孩子读书读到怎样的学历：□

1. 小学　2. 初中　3. 普通高中　4. 职业高中（中专和技校）

5. 大专　6. 大学　7. 硕士　8. 博士

504 您期望您的孩子长大后做什么工作？□

1. 教师　2. 公务员　3. 商人　4. 农民　5. 工人　6. 无所谓

*U*501-*U*505 请从未结婚者回答

U501 您现在有男/女朋友吗？□

1. 有　2. 没有（跳问到 601 题）

U502 您和现在的男/女朋友是怎么认识的？□

1. 在学校自己认识　2. 在单位自己认识　3. 网上认识

4. 同学/同事/朋友介绍　5. 婚介/媒婆介绍　6. 父母安排

7. 其他（请注明）__________

U503 您希望自己多少岁结婚？□□岁

U504 如果有机会，您愿意和城里人结婚吗？□

1. 愿意　2. 无所谓/中立　3. 不愿意

U505 您希望您的配偶是什么地方的人？□

1. 同村　2. 同镇（乡）　3. 同县　4. 同市　5. 同省

6. 外省　7. 国外　8. 地方不重要

*M*501-*M*515 请已婚者回答

M501 您本次结婚的时间是　阳历：□□□□年□□月

M502 您配偶是什么时候出生的？　阳历：□□□□年□□月

M503 您配偶的受教育程度是：□

1. 不识字或很少识字　2. 小学　3. 初中　4. 高中　5. 技校/中专

6. 大专　7. 本科及以上

M504 您和现在的配偶有几个孩子？（没有孩子的填 0）　□

（出生地是指：1. 户口所在地　2. 市内务工地　3. 市外/省内务工地　4. 省外务工地）

（受教育程度：1. 学龄前/不识字或很少识字　2. 小学　3. 初中　4. 高中　5. 技校/中专　6. 大专　7. 本科及以上）

（当前是否在读：如在读请在方框中打√）

	性别	出生年月	出生地	受教育程度	当前是否在读
第一个孩子	1A：1. 男 2. 女 □	1B 阳历□□□□年□□月	1C□	1D□	1E□
第二个孩子	2A：1. 男 2. 女 □	2B 阳历□□□□年□□月	2C□	2D□	2E□
第三个孩子	3A：1. 男 2. 女 □	3B 阳历□□□□年□□月	3C□	3D□	3E□
第四个孩子	4A：1. 男 2. 女 □	4B 阳历□□□□年□□月	4C□	4D□	4E□
第五个孩子	5A：1. 男 2. 女 □	5B 阳历□□□□年□□月	5C□	5D□	5E□
第六个孩子	6A：1. 男 2. 女 □	6B 阳历□□□□年□□月	6C□	6D□	6E□

M505 下面询问一下您的初婚花费情况：

1. 结婚时，总共花了多少钱？	男方□□□□□□□元，女方□□□□□□□元
2. 婚礼（摆酒、改口费等）大约多少钱？	男方□□□□□□□元，女方□□□□□□□元
3. 感谢中间人（媒人）大约多少钱？	男方□□□□□□□元，女方□□□□□□□元
4. 准备新房（盖新房或装修新房）约多少钱？	男方□□□□□□□元，女方□□□□□□□元
5. 彩礼（现金和实物，如汽车）大约多少钱？ □□□□□□□元	6. 嫁妆（现金和实物，如家电）大约多少钱？ □□□□□□□元

M506 您现在的配偶近半年的平均月收入：　□□□□□□□元

M507 您的配偶是什么地方的人？　□

1. 同村　2. 同镇（乡）　3. 同县　4. 同市　5. 同省　6. 外省

7. 国外（请注明）

M508 您配偶的外出务工或随迁的情况如何？（正在外出者回答本次外出情况；曾经外出者回答最近一次外出情况）　□

1. 正在外出　2. 曾经外出　3. 从未外出

M508.1 外出务工或随迁的地点？ □

1. 本镇　2. 本县　3. 本市　4. 省里其他城市　5. 省外

M508.2 外出务工或随迁由谁决定？ □

1. 他/她自己决定，本人支持　2. 他/她自己决定，本人不完全支持

3. 双方共同决定　4. 其他（请注明）__________

M509 在以下家庭事务中您大概承担了多少？

1. 远不到一半　2. 一半　3. 远超过一半

1. 家庭财产管理 □	2. 孩子的抚养教育 □
3. 家庭娱乐活动 □	4. 亲属关系处理 □

M510 在处理各种家庭事务中，谁做最后决定的多些？

1. 自己　2. 配偶　3. 一样多　4. 不适用

1. 家庭日常开支 □	2. 贷款或借钱 □	3. 买房子或盖房子 □
4. 外出打工 □	5. 生育（生几个孩子等） □	

M511 近一年，您是否有过以下经历：（请打钩√）

	长期不说话	谩骂	殴打	强迫过性生活
1. 您与配偶有矛盾后，您是否会对配偶这样做？	□	□	□	□
2. 您与配偶有矛盾后，您是否被配偶这样对待？	□	□	□	□
3. 您周围的邻居在夫妻有矛盾后，他们是否会这样做？	□	□	□	□

M512 配偶谩骂或殴打后，你有过以下哪些经历？（请打钩√）

1. 连续几天不工作 □	2. 看医生或住院 □	3. 求助警察或妇联 □
4. 情绪十分低落 □	5. 晚上睡不着觉 □	6. 其他（请注明）__________

M513 是否听说过《反家庭暴力法》？ □

1. 没有　2. 听说过但不了解　3. 比较了解　4. 没听说过

M514 您对婚姻关系满意程度如何： □

1. 很不满意　2. 不满意　3. 一般　4. 较满意　5. 很满意

下题请有伴侣者（含已婚者和未婚有男/女朋友者）回答

M515 您认为和伴侣最终离婚和分手的可能性有多大？ □

1. 非常大 2. 较大 3. 一般 4. 较小 5. 非常小

第六部分 养老与保障

601 您认为在您老的时候最好的养老保障是什么？ □

1. 儿子 2. 女儿 3. 靠子女，性别无所谓

4. 兄弟姐妹或他们的孩子 5. 养老保险 6. 政府救济或补助

7. 自己存款 8. 没有任何准备 9. 其他（请注明）__________

602 您老的时候会选择和谁居住在一起？ □

1. 儿子 2. 女儿 3. 靠子女，性别无所谓

4. 兄弟姐妹或他们的孩子 5. 自己住 6. 去敬老院

7. 没有任何准备 8. 其他（请注明）__________

603 在对待老年父母上您是否同意以下的观念：

1. 非常同意 2. 同意 3. 不好说 4. 不同意 5. 非常不同意

1. 子女想法和活动应该让父母知道，并让父母参与 □

2. 如果子女住的离父母较近，那么应该至少每周看望父母一次 □

3. 为了给父母提供帮助，已婚子女应该住的离父母近些 □

4. 有时为了帮助父母，子女可以牺牲自己孩子的利益 □

5. 父母可以依靠子女的帮助，来完成自己想做的事情 □

6. 父母为子女做出牺牲，有权要求一些回报 □

604 父亲出生年份□□□□年 母亲出生年份□□□□年

605 父亲去世年份□□□□年 母亲去世年份□□□□年（均去世跳问 617 题）

父母双方健在或一方健在则 606-607 必填，谢谢！

	父亲	母亲
606 您父亲/母亲的健康状况是：1. 很好 2. 好 3. 一般 4. 不好 5. 很不好	□	□
607 您父/母亲现在住在：1. 本村 2. 本县 3. 本市其他县 4. 本省其他市 5. 外省（请注明）__________	□__________	□__________

608 综合考虑，您觉得自己和父母感情亲近吗？ □

1. 很亲近 2. 比较亲近 3. 一般 4. 不太亲近 5. 不亲近

609 在过去的 12 个月里，您为父母提供的经济帮助（含现金和实物）共□□□□□元。

610 在过去的 12 个月里，父母为您提供的经济帮助（含现金和实物）共□□□□□元。

611 在过去的 12 个月里，您帮助父母做家务（比如打扫卫生、洗衣服、做饭、洗碗）的频率？ □

1. 每天 2. 一周 2~6 次 3. 一周 1 次 4. 一月 2~3 次

5. 一月 1 次 6. 一年 2~11 次 7. 一年 1 次 8. 从不

612 在过去的 12 个月里，您的父母帮助自己做家务（比如打扫卫生、洗衣服、做饭、洗碗）的频率？ □

1. 每天 2. 一周 2-6 次 3. 一周 1 次 4. 一月 2~3 次

5. 一月 1 次 6. 一年 2~11 次 7. 一年 1 次 8. 从不

613 您的父母近一年的收入大约为多少元？□□□□□元

614 您父母现在的生活来源主要靠什么？ □

1. 养老金 2. 劳动或工作所得 3. 子女提供 4. 亲属提供

5. 集体和政府补贴 6. 其他（请注明）__________

615 在过去 12 个月，您自己的父母是否帮您照顾子女： □

1. 是 2. 否（跳问 617） 3. 无子女（跳问 617）

616 您父母帮您照看孩子的时间是： □

1. 每天从早到晚 2. 每天有段时间（但不是全天）

3. 每星期至少一次 4. 每月几次 5. 大约每月一次

6. 很少

617 请您介绍参加养老项目的情况并对参加的项目做出评价：

了解度：1. 非常不了解 2. 较不了解 3. 一般 4. 比较了解

5. 非常了解

满意度：1. 非常不满意 2. 较不满意 3. 一般 4. 比较满意

5. 非常满意

养老项目	您了解该项目吗？	您是否参加了该项目？ 1. 是　2. 否	对于您参加的项目，您每年缴费多少元？	您对该项目满意吗？
1. 城乡居民基本养老保险（新农保）	□	□	□□□□元	□
2. 城镇职工基本养老保险	□	□	□□□□元	□
3. 商业养老保险	□	□	□□□□元	□
4. 其他养老项目（请注明）＿＿＿＿	□	□	□□□□元	□

618 您了解养老院、福利院、老年公寓等养老机构吗？

1. 了解 2. 不了解 （跳问 620） □

619 您主要通过哪种方式了解养老机构的信息？ □

1. 住过养老院的老人介绍　2. 村干部宣传

3. 养老机构人员的宣传　4. 亲戚朋友们介绍

6. 网络/电视/广播/报纸/广告等媒体宣传

7. 自己去了解　8. 其他（请注明）＿＿＿＿＿＿

620 您对养老院、福利院、老年公寓等养老机构的总体印象如何？ □

1. 非常好　2. 较好　3. 一般　4. 较差　5. 非常差

621 如果家里有老人您会送老人去养老院吗？ □

1. 绝对不会　2. 不会　3. 根据情况决定　4. 可能会　5. 会

622 您老年时是否愿意在养老机构生活？ □

1. 不愿意　2. 愿意 （跳问 622.2）

622.1 您未来不愿意选择养老机构最主要的原因？（跳问 623） □

1. 儿女能提供照顾　2. 自己能照顾好自己　3. 要帮子女分担家务

4. 费用高　5. 服务人员态度差　6. 基础设施差、生活条件差

7. 附近养老院已住满　8. 周边环境差　9. 容易被人看不起

10. 无法融入养老院集体生活　11. 其他（请注明）＿＿＿＿＿＿

622.2 您老的时候愿意选择养老机构最主要的原因？ □

1. 子女不能在身边照顾　2. 减轻儿女的负担

3. 避免亲子之间的冲突　4. 老人在一起有共同语言

5. 养老机构有全方位的照料　6. 其他（请注明）__________

623 您周围的邻居中，是否有以下虐待老人的现象？（请打钩√）

1. 不给老人收拾房间	□	2. 不给老人吃饭	□	3. 谩骂老人	□
4. 殴打老人	□	5. 抢夺老人的农产品或财物	□	6. 其他（请注明）__________	□

| 陕西省汉中就地就近城镇化调查问卷 |

农转非居民卷

被访人姓名______________　　　　　问卷编码：□□□□□□□□□□□

调查时间：□□月　□□日　如果调查未完成，原因是：______________

调查地点：_______________街道_______________社区_______________

　　　　门牌号；______________街道__________________工厂

调查员姓名______________（签名）审核员姓名______________（签名）

问卷是否合格（在方格内打“√”）：合格　□　不合格□（原因）_____

____

亲爱的朋友：您好！西安交通大学新型城镇化与可持续发展课题组正在做一项有关农转非居民发展情况的社会调查，需要了解一下您的个人、家庭相关信息，供研究使用。本次调查收集到的信息将严格保密，谢谢您的支持和合作！

西安交通大学公共政策与管理学院

新型城镇化与可持续发展课题组

2016 年 10 月

第一部分　基本情况

101 您的性别：1. 男　　　2. 女　□

102 您是什么时候出生的？　阳历：□□□□年 □□月

103 您的受教育程度是：　□

1. 不识字或很少识字　2. 小学　3. 初中　4. 高中

5. 技校/中专　6. 大专　7. 本科及以上

104 您的婚姻状况是：（说明："初婚"指只结过一次婚，且目前尚存在婚姻关系）□

1. 从未结过婚　2. 初婚　3. 再婚　4. 丧偶　5. 离婚

105 您现在的政治面貌是？□

1. 共青团员　2. 共产党员（含预备党员）　3. 民主党派　4. 群众

106 您认为您的健康状况如何？□

1. 非常好　2. 较好　3. 一般　4. 较差　5. 非常差

107 以下家庭成员是否与您住在一起？如同住请在方框中打√，如户籍为非农户籍请在对应方框打√

	同住	非农户籍		同住	非农户籍		同住	非农户籍
01. 配偶	□	□	02. 父亲	□	□	03. 母亲	□	□
04. 小于 16 岁子女	□	□	05. 16 岁以上子女	□	□	06. 儿媳	□	□
07. 女婿	□	□	08. 孙子女	□	□	09. 兄弟	□	□
10. 姐妹	□	□	11. 岳父/公公	□	□	12. 岳母/婆婆	□	□
13. 其他亲属	□	□	14. 无亲属关系者	□	□		□	□

108 您户口转变之前的户口所在地：__________省（直辖市/自治区）__________市__________县（区）__________乡（镇）

109 您目前的非农户口/居民户口是□□□□年获得的。

110 您现在是否生活在户口所在地：□

1. 是（跳问 112）　2. 否

111 您是哪一年离开户口所在地生活的：□□□□年

112 您由"农业户口"转"非农业户口"的原因是？□

1. 升学　2. 参军　3. 工作（招工等）　4. 转干

5. 征地（包括村改居）　6. 家属随迁　7. 通过婚姻

8. 需要购房　9. 户口改革，当地不再有农业户口

10. 其他（请注明）__________

113 您和现在的配偶有几个孩子？（没有孩子的填 0）□

（出生地是指：1. 户口所在地　2. 市内务工地　3. 市外/省内务工地　4. 省外务工地）

（受教育程度：1. 学龄前/不识字或很少识字　2. 小学　3. 初中　4. 高中　5. 技校/中专　6. 大专　7. 本科及以上）

（当前是否在读：如在读请在方框中打√）

	性别	出生年月	出生地	受教育程度	当前是否在读
第一个孩子	1A：1. 男　2. 女 □	1B 阳历□□□□年□□月	1C□	1D□	1E□
第二个孩子	2A：1. 男 2. 女 □	2B 阳历□□□□年□□月	2C□	2D□	2E□
第三个孩子	3A：1. 男 2. 女 □	3B 阳历□□□□年□□月	3C□	3D□	3E□
第四个孩子	4A：1. 男 2. 女 □	4B 阳历□□□□年□□月	4C□	4D□	4E□
第五个孩子	5A：1. 男 2. 女 □	5B 阳历□□□□年□□月	5C□	5D□	5E□
第六个孩子	6A：1. 男 2. 女 □	6B 阳历□□□□年□□月	6C□	6D□	6E□

第二部分　农转非后的现状及问题

201 您家原有承包地的面积为□□□亩，农转非之前承包地的年纯收益是□□□□□□元；

202 农转非后，您家原有的承包地是怎么处置的 □

1. 其他家庭成员家庭耕种　2. 自己耕种　3. 土地流转　4. 抛荒
5. 退让村集体　6. 被政府征收　7. 其他（请注明）__________

202.1 如果参与了土地流转，您家的农村土地承包经营权采用了哪些流转方式 □

1. 转让　2. 合作　3. 出租　4. 互换　5. 入股　6. 出让
7. 抵押　8. 其他（请注明）__________

202.2 您家的农村土地承包经营权流转出去所带来的收益大约为□□□万元

203 您家原有宅基地上的房屋建于□□□□年，农转非当年大约值□□□万元。

204.1 农转非后，您家原有的宅基地是如何处置的： □

1. 保持原状，产权未变　2. 上交了宅基地所有权

204.2 农转非后，您家原有的住房做了哪些处置：□

1. 卖了，约□□□万元　2. 荒废　3. 出租，约□□□□元/年

4. 置换为城市住房

205.1 农转非之前，您家农村集体财产的收益大约是□□□万元。

205.2 农转非之后，您家农村集体财产的收益大约是□□□万元。

206 农转非后，您的农村集体财产是否还有收益 □

1. 一直没有收益　2. 过去有，现在没有　3. 一直有收益

207 您是否参与以下项目：如参加，请在方框中打√

项目	农转非之前	农转非之后	项目	农转非之前	农转非之后	项目	农转非之前	农转非之后
1. 养老保险	□	□	2. 医疗保险	□	□	3. 工伤保险	□	□
4. 失业保险	□	□	5. 生育保险	□	□	6. 住房公积金	□	□

208 您孩子现在哪类学校就读？□

1. 公立学校　2. 私立学校　3. 不适用（无学龄子女）

209 农转非之后子女的教育情况是否变化？□

1. 变好　2. 基本没变　3. 变差　4. 不适用（无学龄子女）

210 请您比较农转非前后家庭住所居住设施情况：（没有=0，合用=1（包括室外合用），独用=2）

	农转非前	农转非后		农转非前	农转非后
1. 网络	□	□	2. 厨房	□	□
3. 厕所	□	□	4. 洗澡设施	□	□
5. 煤气/液化气/天然气（0. 没有 1. 有）	□	□	6. 住房用途（0. 居住/工作/他用 1. 纯居住）	□	□

211 您现在居住的房屋面积大约为□□□㎡，建造/购买于□□□□年，当时花费□□□万元（其中政府补贴□□□□万元，没有补贴请填“0000”）。

212 您之前的农业生产工具是否卖掉：□

1. 是（换取□□□□□元） 2. 否

213 农转非之前，您的职业属于： □

1. 纯农业 2. 兼业 3. 省内各县市务工 4. 省外务工

5. 家务及照顾家人 6. 无业失业半失业者

7. 其他（请注明）__________

214 根据您和家人的工作情况，回答以下问题（退休填退休前最后一份职业，曾就业学生填入学前职业；失业/操持家务者填最后一份工作情况）□□

01. 党政机关/事业单位负责人

02. 国有/集体企业负责人（如经理、厂长等）

03. 私营企业主（雇员 8 人以上） 04. 专业技术人员

05. 普通公务员、办事人员 06. 个体工商户（雇员 8 人以下）

07. 商业服务业人员 08. 技术工人 09. 非技术工人

10. 农林牧渔业生产人员 11. 无业失业半失业者 12. 学生

14. 其他（请注明）__________

1. 您当前在农村从事的工作属于哪种类型？	□□________
2. 您配偶/男女朋友目前做的工作，属于哪种类型？（无配偶者不填）	□□________
3. 您父亲的职业是？（收入最高的职业）	□□________
4. 您母亲的职业是？（收入最高的职业）	□□________
5. 您 16 岁以上的子女职业是？（收入最高的职业，未就业者不填）	
子女 1 的职业是？	□□________
子女 2 的职业是？	□□________
子女 3 的职业是？	□□________

215 您目前工作的单位类型是： □

1. 国有单位、事业单位或集体企业 2. 外资单位 3. 私营企业

4. 个体工商户或自雇业者 5. 无单位

216 您农转非之后的工作是如何获得的：□□

01. 政府直接帮助解决 02. 参加招聘会/人才交流会

03. 职业介绍机构（中介） 04. 继承父母（或其他亲属）产业

05. 亲戚/老乡介绍　06. 朋友/同事/熟人介绍　08. 刊登求职广告

09. 直接上门求职/应聘　10. 自己创业/个体

11. 其他（请注明）__________

217 您参加的职业技能培训情况如何？

1. 没参加过　2. 参加过

1. 农转非之前，您是否参加过技能培训 □	2. 农转非之后，您是否参加过技能培训 □

218 您在目前的工作中是否与单位签订了书面劳动合同？ □

1. 是　2. 否

219 您目前这份工作已经干了□年□□个月（无固定工作者均填 0）

220 近半年您月平均收入有多少元？□□□□□；其中，加班费占月收入的□□%

221 农转非之前，您的月平均收入有□□□□□□元

222 总的来说，您对目前工作的满意度如何？ □

1. 很不满意　2. 不太满意　3. 一般　4. 比较满意　5. 很满意

223 过去 12 个月里，您家的经济情况：

1. 总收入	□□□□□□□□元	2. 总支出	□□□□□□□□元
3. 总存款/投资理财	□□□□□□□□元	4. 总借贷	□□□□□□□□元

224 农转非当年到现在，您家有无借贷情况？（包含已归还的借贷） □

1. 有　2. 无（跳问 220 题）

1. 向银行借（需缴纳贷款利息）□□□□□□□□元			
2. 政府低息/无息贷款	□□□□□□□□元	3. 向高利贷借	□□□□□□□□元
4. 向亲属借	□□□□□□□□元	5. 向朋友借	□□□□□□□□元

225 请根据金额大小选出最主要的三项收入来源 □□□

1. 打工工资　2. 股票、期货等理财品　3. 做生意　4. 政府补贴

5. 务农收入　6. 其他（请注明）__________

226 请根据金额大小选出农转非之后增加最多的三项支出项目 □□□

1. 购买衣物　2. 购买食物　3. 住房花费　4. 交通及通信

5. 还款　6. 投资　7. 家具/家电　8. 文化娱乐　9. 教育支出

10. 医疗保健 11. 其他（请注明）__________

227 您在空闲时间从事以下活动的频率？

1. 经常 2. 有时 3. 没有

1. 出去看电影 □	2. 逛街购物 □	3. 读书/报纸/杂志 □
4. 上网 □	5. 与同学、朋友聚会 □	6. 在家听音乐 □
7. 参加体育锻炼 □	8. 学习充电 □	9. 参加文化活动，如跳广场舞，看文艺演出 □
10. 做手工（如刺绣、木工） □		

228 过去五年，您是否参与过以下选举？

1. 是 2. 否，但希望参与 3. 否，也不想参与

1. 各级人大选举 □	2. 居住地所在社区居委会选举 □	2. 老家农村村委会/村支部选举 □

229 县政府开展了很多工作，如为老百姓提供司法援助、解决农村外来人口工资拖欠等。对此您认为：

1. 没有 2. 有小部分 3. 一半 4. 绝大多数 5. 全是

1. 县政府所做的事情有多少是对的？ □	2. 县政府工作人员是否能够胜任他们的工作？ □

230 请根据您的实际情况回答以下问题。请在方框中打√

活动类型	您是否有过以下经历？	若遭受不公平待遇，您是否会采取以下行动？
1. 打官司、信访、向政府投诉	□	□
2. 集体上访、签名请愿、静坐抗议	□	□
3. 罢工、集体抗议	□	□
4. 与亲戚朋友一起去讨公道	□	□
5. 通过新闻媒体、网络曝光问题	□	□

231 您所在的家族是不是本村的大家族（本村主要姓氏）？ □

1. 是 2. 否

232 您在本县城认识的人总共有□□□人。其中，家人、亲属有□□人，关系较好的朋友有□□人。

233 您的亲属、朋友中有没有下列职业的人（如果有，请在①、②列相应位置打√）？

职业名称	农转非前①	农转非后②	职业名称	农转非前①	农转非后②
01 政府机关局长	□	□	11 会计	□	□
02 公司经理	□	□	12 小企业厂长	□	□
03 大学老师	□	□	13 包工头	□	□
04 医生	□	□	14 银行职员	□	□
05 工程师	□	□	15 律师	□	□
06 中小学教师	□	□	16 建筑工人	□	□
07 国家机关普通职员	□	□	17 小餐馆厨师	□	□
08 个体户	□	□	18 保姆	□	□
09 民警	□	□	19 保安	□	□
10 车间主任	□	□	20 废品收购员	□	□

234 请您回忆，近一个月您与邻居家聊天的频率： □

1. 每天几次　2. 每天一次　3. 每周几次　4. 每周一次　5. 很少聊天

235 您是否同意以下说法？

1. 非常同意　2. 比较同意　3. 一般　4. 不太同意　5. 很不同意

1. 跟周围同事相比，我更能胜任自己的工作	□	2. 跟周围同事相比，我算是个“专家”	□
3. 必要时，我能找专业人士帮忙	□	4. 我可以经常跟同事朋友相互沟通	□

236 请根据您跟您邻居交往的真实情况回答以下问题：请在方框中打√

1. 知道他们家户主的姓	□	2. 知道他们的工作	□
3. 知道他们家平时有几口人常住	□	4. 平时见面会互相打招呼	□
5. 和他们聊过家常	□	6. 和他们家互赠过礼物	□
7. 到他们家吃过饭	□	8. 向他们家借过大额的钱物	□
9. 相互倾诉烦恼，并请对方参谋	□	10. 各自家里长期没人住的时候，请对方帮忙看家	□

237 您参与过的正式公共事务的内容通常是（最多可选三项） □□□

1. 社区日常工作的决策和管理　2. 基层选举　3. 社区监督

4. 维护社区治安　5. 参与社区举办的活动　6. 不清楚

第三部分　生活感受与未来发展愿景

301 您对目前总体生活状况的评价是：□

1. 很满意　2. 比较满意　3. 一般　4. 不太满意　5. 很不满意

302 请对生活区域下列方面做出评价：

1. 很满意　2. 比较满意　3. 一般　4. 不太满意　5. 很不满意

1. 孩子教育质量状况	□	2. 生活保障支持情况	□
3. 工作就业情况	□	4. 家庭收入现状	□
5. 生活区域的社区服务	□	6. 居委会工作人员	□

303 请您对居住地的公共政策进行评价：

1. 很满意　2. 比较满意　3. 一般　4. 不太满意　5. 很不满意

1. 物价政策	□	2. 教育政策	□
3. 就业政策	□	4. 养老保险政策	□
5. 环境保护政策	□	6. 医疗保险	□
7. 失业保险	□		

304 您对生活社区的便民服务设施：□

1. 很满意　2. 比较满意　3. 一般　4. 不太满意　5. 很不满意

305.1 你知不知道社区自治章程？□

1. 知道　2. 不知道（跳问 306）

305.2 您认为当地的社区自治章程实施的如何？□

1. 非常好　2. 比较好　3. 一般　4. 不太好　5. 非常不好

306 与农转非之前相比，您家在下列哪一方面变得更好了：□

1. 居住　2. 工作情况　3. 夫妻关系　4. 社会交往

5. 物质拥有与消费　6. 休闲娱乐　7. 其他（请注明）＿＿＿＿＿＿

307 您觉得农转非后政府还需要在哪些方面给予政策支持？（请选三项并按重要性排序）□□□

1. 最低生活保障政策　2. 就业创业政策　3. 医疗保险政策

4. 养老保险政策

5. 子女教育政策　6. 物价政策　7. 其他（请注明）__________

308 您觉得，您未来的收入会不断提高 □

1. 非常同意　2. 比较同意　3. 中立　4. 不太同意　5. 非常不同意

309 您觉得，农转非之后您的生活质量会得到持续提高 □

1. 非常同意　2. 比较同意　3. 中立　4. 不太同意　5. 非常不同意

310 您相信，现在相比于农转非之前，孩子未来的发展会更好 □

1. 非常同意　2. 比较同意　3. 中立　4. 不太同意　5. 非常不同意

311 农转非后，您对未来的家庭发展有比较清晰的规划吗？ □

1. 有　2. 没有

312 您是否同意以下观点：

1. 非常同意　2. 比较同意　3. 中立　4. 不太同意　5. 非常不同意

1. 我希望可以学习更多的技术来养家，比如参加培训课程等 □

2. 如果生活需要，我可以在除了这里的其他的地方很快地找到工作 □

3. 我觉得如果面对生活上的变动，我比其他的人能更好地接受它 □

4. 我对我和家庭的金融资金有明确的安排和计划 □

5. 我时常有被社会淘汰的感觉 □

6. 我相信明天总是美好的 □

后　记

农业转移人口在城镇化发展过程中如何保持生计发展是政府与学界共同关注的发展议题，缓解和消除极端社会风险带来的生计危机也是新型城镇化发展目标和可持续发展目标中的首要目标。2014 年新型城镇化规划发布后，城乡社会融合与农业转移人口市民化取得了举世瞩目的发展成绩。但中西部地区、中小城镇中农业转移人口家庭生计资本禀赋羸弱，人口流动性强，基础设施建设较为落后，生计脆弱性明显。农业转移人口在城市“进不去”，农村“回不来”的生计困境中选择循环城乡流动，从而造成家庭亲子分离，留守家庭成员发展不足，乡村凋敝等问题。经过改革开放四十多年的发展和乡村振兴战略的实施，流动人口选择一种在原居住地一定空间半径内，依托小城镇和新型农村社区，实现“就地就近城镇化、就地就近市民化、就地就近基本公共服务均等化”已经不是遥远愿景，这是符合我国国情的新型城镇化道路。通过大城市与小城镇的文化、教育、医疗等资源有机整合，既可缓解大中城市过重的功能负担，又可使小城镇居民也能享受大城市的优质资源，缩小地域差别、城乡差别。因此，掌握中西部地区代表区域的农业转移人口基本生计现状，了解生计脆弱性发生的原因，分析目前生计可持续发展的影响因素，评估现有就近市民化的实施后果，是提出中西部地区有针对性发展新型城镇化政策的基础。在国家社会科学基金一般项目“就地城镇化背景下农业转移人口家庭生计恢复力研究”（项目编号：15BSH028）的资助和支持下，课题组对以上问题进行了综合分析，相关研究成果形成了本书的基础。

本书是团队合作的成果，全书由杜巍老师设定总体框架和各章节概要，吕锋组织并协调了相关数据收集，博士生车蕾，硕士生郭玉、仝一晴完成了相关章节的草稿撰写，硕士生李建蓉参加了本书书稿校对工作。“新型城镇化与可持续发展”课题组杜海峰教授、靳小怡教授为本书的完善提出了建设性意见。同时本书的数据收集与撰写工作得到了汉中市人民政府、中国国民党革命委员会汉中市委员会与各级政府的大力支持，在此表示衷心感谢！

作为新型城镇化发展生计的探索性研究，本书涉及面较广，研究内容较多，无论是框架构成还是文中内容都存在一定的不足，恳请各位读者、专家提出建设性意见，以便本书进一步完善。

杜巍

2019 年 9 月 9 日于西安交通大学

图书在版编目(CIP)数据

农业转移人口生计现状与可持续发展研究 / 杜巍，车蕾，吕锋著. -- 北京 ：社会科学文献出版社，2020.1
（新型城镇化与可持续发展）
ISBN 978-7-5201-5431-4

Ⅰ.①农… Ⅱ.①杜… ②车… ③吕… Ⅲ.①农业人口-城市化-研究-汉中 ②民工-劳动就业-研究-汉中
Ⅳ.①C924.244.13 ②F299.21 ③D669.2

中国版本图书馆 CIP 数据核字(2019)第 184138 号

·新型城镇化与可持续发展·
农业转移人口生计现状与可持续发展研究

著　　者 / 杜　巍　车　蕾　吕　锋

出 版 人 / 谢寿光
组稿编辑 / 周　丽　王玉山
责任编辑 / 王玉山

出　　版 / 社会科学文献出版社·城市和绿色发展分社（010）59367143
地址：北京市北三环中路甲 29 号院华龙大厦　邮编：100029
网址：www.ssap.com.cn
发　　行 / 市场营销中心（010）59367081　59367083
印　　装 / 三河市东方印刷有限公司

规　　格 / 开　本：787mm × 1092mm　1/16
印　张：15　字　数：233 千字
版　　次 / 2020 年 1 月第 1 版　2020 年 1 月第 1 次印刷
书　　号 / ISBN 978-7-5201-5431-4
定　　价 / 98.00 元